Brendel/Hauer/Kische

Polizeiliche Ermittlungen im Strafprozess

Polizeiliche Ermittlungen im Strafprozess

Eine fallorientierte Darstellung für Ausbildung und Praxis

von

Eva Brendel

Prof. Dr. Judith Hauer

Prof. Dr. Sascha Kische

2., völlig neu bearbeitete Auflage

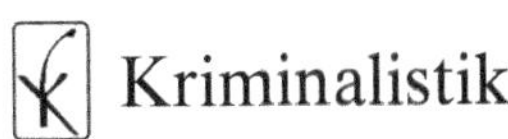

Eva Brendel, Rechtsassessorin, seit 2004 überwiegend mit Artenschutzverfahren, Naturschutzverfahren, Tierschutz einschließlich strafrechtlicher Aspekte befasst. Von 1993–1998 Dozentin für Strafrecht und Strafprozessrecht an der Verwaltungsfachhochschule Wiesbaden, Fachbereich Polizei.

Prof. *Dr. Judith Hauer* ist seit 2019 Prorektorin der Hochschule für Polizei Baden-Württemberg und lehrt seit 2015 an dieser Straf- und Strafverfahrensrecht. Zuvor war sie als Staatsanwältin in München und Traunstein, wissenschaftliche Assistentin an der Ludwig-Maximilians-Universität und Strafverteidigerin in München sowie in der Bayerischen Finanzverwaltung tätig.

Prof. *Dr. Sascha Kische* ist aktuell am Fachbereich Polizei der Fachhochschule für öffentliche Verwaltung Nordrhein-Westfalen (Studienort Hagen) tätig. Von 2015 bis 2018 lehrte er Verfassungsrecht, Strafrecht und Strafverfahrensrecht an der Hochschule für Polizei Baden-Württemberg. Forschungsschwerpunkte liegen in den Bereichen Strafrecht und Strafverfahrensrecht hauptsächlich mit polizeirelevanten Bezügen.

Bibliografische Information der Deutschen Nationalbibliothek

Die Deutsche Nationalbibliothek verzeichnet diese Publikation in der Deutschen Nationalbibliografie; detaillierte bibliografische Daten sind im Internet über http://dnb.d-nb.de abrufbar.

ISBN 978-3-7832-0052-2

E-Mail: kundenservice@cfmueller.de
Telefon: +49 89 2183 7923
Telefax: +49 89 2183 7620

www.cfmueller.de
www.kriminalistik-verlag.de

Satz: FotoSatz Pfeifer GmbH, Krailling
Druck: CPI Clausen & Bosse, Leck

Vorwort

Die Anforderungen und die Erwartungshaltung an Polizeibeamtinnen und Polizeibeamte in Ausbildung und Praxis sind stetig gewachsen. Namentlich das Studium für den gehobenen Polizeivollzugs-dienst in Bund und Ländern hat sich von dem Diplom- hin zu einem modularen Bachelorstudiengang verändert. Schwerpunkte liegen noch immer in den Rechtsfächern mit der Prüfungsform Klausur. Auch wer die Hochschule erfolgreich absolviert hat, kann sich auf dem erworbenen Theoriewissen nicht ausruhen, denn jede Gesetzesneuerung, jede polizeilich einschlägige Gerichtsentscheidung nicht zuletzt jeder erlebte Lebenssachverhalt verlangen der Polizistin und dem Polizisten die kompetente Anwendung des einmal erworbenen Handwerkszeugs ab. Ein lebenslanger Lernprozess, dessen sich die Beamtinnen und Beamten vom ersten Tag an längst bewusst sein sollten!

Fall- und praxisbezogene Veröffentlichungen speziell für die Zielgruppe der Polizei haben eigentlich erst in den letzten Jahren in den Wissenschafts- und Fachverlagen so richtig Platz gefunden. „Eigentlich" – denn vor über 20 Jahren war es bereits Brendel/Burkhard/ Thienhaus gelungen, mit der Erstauflage dieses Buches einen Meilenstein zu theoretischer Praxisvermittlung „Polizeilicher Ermittlungen im Strafprozess" und praktischer Theorievermittlung gleichermaßen gesetzt zu haben. Umso erfreulicher ist es, dass Eva Brendel und auch der C.F. Müller Verlag die Idee zur neuerlichen Fortführung dieses Werkes begrüßt und mitgetragen haben.

Auch unter Mitwirkung neuer und ebenso erfahrener Hochschullehrer sind die Leitgedanken aus dem Vorwort zur Vorauflage beibehalten worden. Die Leserschaft erhält daher auch in dieser neu bearbeiteten Auflage Lösungsformulierungen und -hinweise von drei Autoren mit unterschiedlicher Herangehensweise, Aufbau und Methodik, gewiss auch im persönlichen Duktus, immer aber bedacht, auf die Problemdarstellung am Fall. Aktualisierungen erfahren haben zahlreiche Falldarstellungen aufgrund der im Jahre 2017 durch den Gesetzgeber vorgenommenen Änderungen an der Strafprozessordnung (StPO), vor allem durch das „Gesetz zur effektiveren und praxistauglicheren Ausgestaltung des Strafverfahrens" und das „Gesetz zur Stärkung der Verfahrensrechte von Beschuldigten im Strafverfahren und zur Änderung des Schöffenrechts".

Literatur und Rechtsprechung konnte bis Juni 2019 eingearbeitet werden. Die im Literaturverzeichnis aufgezählten Schriften können mittlerweile als Standardwerke der polizeilichen Ausbildung und Praxis bezeichnet werden. Weitergehende, lehrreiche Aufsatzliteratur und Rechtsprechung finden sich – vierteljährlich aktualisiert (!) – frei zugänglich auf den Internetseiten des Berliner Hochschulkollegen Clemens Arzt (s. dazu den Reiter „Fundstellen Polizei und Recht“ unter https://www.hwr-berlin.de/prof/clemens-arzt/). Diese Empfehlung können und wollen wir hier nur allzu gern aussprechen.

Besonderes Anliegen aber ist es, mit dieser fortgeführten und aktualisierten fall- und praxisbezogenen Darstellung sowohl den Studierenden an den Polizeihochschulen als auch den praktisch tätigen Polizeibeamtinnen und Polizeibeamten – ungeachtet des Einsatzes bei der Streifen-, Kriminal- oder Wach- bzw. Bereitschaftspolizei – stets ihre Rolle als Ermittlungspersonen der Staatsanwaltschaft bei strafprozessualen Ermittlungen (§ 152 GVG) zu verdeutlichen und hierbei die Konsequenzen ihres Handelns für den Strafprozess und auch für sie selbst ins aktuelle Bewusstsein zu rücken.

Hagen, im Juli 2019 — Dr. Sascha Kische
Bad Vilbel — Eva Brendel
Schwenningen — Dr. Judith Hauer

Vorwort zur 1. Auflage

Thema des Buches ist das Ermittlungsverfahren der StPO, insbesondere die Eingriffsbefugnisse der Polizei. Das Buch ist aus dem Bedürfnis heraus entstanden, Studierenden der Verwaltungsfachhochschule, Fachbereich Polizei eine fall- und praxisbezogene Darstellung an die Hand zu geben, die es ihnen erleichtert, Zugang zu dem genannten Rechtsgebiet zu finden.

Zielgruppe sind Studierende der Verwaltungsfachhochschulen, Fachbereich Polizei, für die die Vorschriften der StPO betreffend das Ermittlungsverfahren Handlungsanweisung sind. Dies schließt nicht aus, daß auch Studenten der Rechtswissenschaften oder Referendare eine solche Darstellung nützlich finden werden.

Das Buch soll helfen, die Grundlagen der Eingriffsrechte zu verstehen, ihre Relevanz für den polizeilichen Alltag einschätzen zu helfen und – natürlich – Klausuren erfolgreich schreiben zu helfen.

Keinesfalls kann eine solche Darstellung den Anspruch erhaben, umfassend alle Probleme des genannten Rechtsgebietes zu benennen, geschweige sie aufzuarbeiten. Sie versteht sich als Ergänzung zu Unterricht und anderer Literatur. Sie will den Studierenden Hilfestellung geben, Schwerpunkte in den Klausuren und Übungsarbeiten richtig zu setzen. Sie will den Dozenten helfen, neben theoretischen Ausführungen immer wieder praktische Fragen und Probleme aufzugreifen.

Die Sachverhalte sind so gestellt, daß sie jeweils nur wenige Rechtsprobleme enthalten, so daß die Studierenden den Überblick behalten können. Den Lösungsvorschlägen sind allgemeine Bemerkungen – sogenannte gutachterliche Vorüberlegungen - sowie eine Gliederung vorangestellt. Bei geeigneten Problembereichen werden Literaturhinweise gegeben, die sich zur selbständigen Vertiefung und Erarbeitung des Stoffes eignen. Diese Hinweise erheben nicht den Anspruch auf Vollständigkeit. Von der beschriebenen Darstellung erhoffen sich die AutorInnen, den Studierenden Strukturen und differenzierte Vorgehensweise nahezubringen.

Wo es möglich war, sind die Fälle »echten« Sachverhalten nachgebildet worden. Entsprechende Rechtsprechung ist genannt und eingearbeitet.

Zwar ist dieses Buch aus einem gemeinsamen Anliegen der AutorInnen heraus entstanden und das Konzept gemeinsam erarbeitet worden. Die einzelnen Fallbearbeitungen jedoch oblagen dem Verantwortungsbereich des oder der einzelnen. Die Lösungen verstehen sich als »Vorschläge«. Hier soll erreicht werden, den Blick für Problempunkte zu schärfen. Der vorgeschlagenen Lösung muß der Leser, die Leserin, nicht unbedingt zustimmen. Bei entsprechender Argumentation sind auch andere Ergebnisse vertretbar.

Auch sprachlich wurden die Fallösungen so weit als möglich dem Sprachstil der Studierenden angepaßt, der den AutorInnen durch hundertfache Klausurkorrektur bekannt ist. Dabei wurde jedoch selbstverständlich der juristische Formulierungsstil beibehalten. Den Fallösungen liegen damit keine sprachlich reinen, juristischen Formulierungen zugrunde, insbesondere nicht auf dem Niveau akademischer Examensarbeiten, sondern sie enthalten die für den Klausurbedarf an einer Fachhochschule gebotene Ausdrucksweise.

Beim Prüfungsaufbau wurde nach dem Muster »Anordnungsvoraussetzungen- Anordnungskompetenz – Form- und Durchführungsvorschriften« vorgegangen, soweit es sinnvoll erschien und die Normen nichts anderes vorgegeben haben. Die Verhältnismäßigkeit einer Maßnahme ist dabei immer zu prüfen.

Auf die Auseinandersetzung mit der gängigen Literatur wurde verzichtet. Insoweit mag die interessierte Leserin oder der interessierte Leser auf die im Literaturverzeichnis genannten Werke zurückgreifen.

Literatur und Rechtsprechung konnte bis März 1998 eingearbeitet werden. Paragraphen des Strafgesetzbuches entsprechen der Rechtslage nach Inkrafttreten des 6. Strafrechtänderungsgesetzes.

Frankfurt, im Juli 1998

Eva Brendel
Gerald Burkard
Ulrike Thienhaus

Inhaltsverzeichnis

Fall 1:
Örtliche Zuständigkeit, Nacheile, § 167 GVG

Sachverhalt[1]

Den beiden, der Autobahnpolizei Hannover angehörigen Polizeibeamten P und R fällt die A in ihrem VW Touran auf der BAB 2 in Richtung Dortmund kurz hinter der Anschlussstelle Flughafen durch dichtes Auffahren und schnelle Fahrweise auf. Nachdem A dann auch noch zwei Geschwindigkeitsbegrenzungen missachtet, entschließen sich die Beamten zu einer Kontrolle und geben optische Anhaltezeichen. A zeigt überhaupt keine Reaktion und fährt mit unverminderter Geschwindigkeit weiter. Im weiteren Verlauf der Fahrt quert sie mehrfach alle drei vorhandenen Fahrstreifen und überholt verbotsweise auf dem rechten Seitenstreifen. Während dieser Überholmanöver gerät die A mit ihrem Kfz ins Schleudern, steht deshalb kurzzeitig quer auf der Fahrbahn und zwingt die sie im Streifenwagen verfolgenden Polizisten zu einer Vollbremsung. Nach dieser knapp abgewendeten Kollision fährt A kurz hinter der nordrhein-westfälischen Landesgrenze auf einen Parkplatz, verlässt ihr Fahrzeug und lässt sich unter ordnungsgemäßer Belehrung widerstandslos festnehmen. Auf Befragen macht sie von ihrem Schweigerecht vollumfänglich Gebrauch.

Nach einer Identitätsfeststellung durch Durchsuchung des Fahrzeugs und darin mitgeführter Sachen fahren die Beamten die A zu einer von ihr benannten Freundin in der Nähe von Bad Oeynhausen.

Waren die niedersächsischen Polizeibeamten P und R für die strafprozessualen Maßnahmen auf nordrhein-westfälischem Landesgebiet örtlich zuständig?

Vorüberlegungen

Kriminalität macht heutzutage keinen Halt mehr an den territorialen Ländergrenzen. Für die Beamten des Polizeivollzugsdienstes

1 Der Sachverhalt ist einer Pressemitteilung der Polizei Hannover vom 28.9.2017 entnommen („POL-H: Polizei nimmt Raserin nach Verfolgungsfahrt fest“).

wäre es ein Unding, bei noch auf frischer Tat Betroffenen die Strafverfolgung dort zwingend einstellen zu müssen. Die entsprechend legitimierenden Vorschriften finden sich in § 167 GVG und dem Abkommen über die erweiterte Zuständigkeit der Polizei der Länder bei der Strafverfolgung. Sie führen in der Ausbildung ein Schattendasein, praktisch gehört ihre Kenntnis jedoch zum Handwerkszeug eines jeden mit Ermittlungsbefugnissen befassten Polizeiangehörigen. Auch strafprozessuale Unzuständigkeiten führen in der Regel zu rechtswidrigen Maßnahmen mit der Folge, dass sich gegen derartige Maßnahmen wehrende Betroffene straffrei davonkommen und den Beamten ihrerseits ein persönliches Strafbarkeitsrisiko (etwa §§ 239, 223, 340 StGB) droht.

Gliederung

1. Rechtmäßigkeit der Verfolgung und Ergreifung auf NRW-Landesgebiet gem. § 167 GVG
   - 1.1 Anordnungsvoraussetzungen
     - Polizeibeamte +
     - Flüchtiger einer Straftat +
     - Gebiet eines anderen deutschen Landes +
   - 1.2 Anordnungskompetenz +
   - 1.3 Form- und Durchführungsvorschriften +
2. Rechtmäßigkeit der weiteren, identitätsfeststellenden Maßnahmen auf NRW-Landesgebiet
   - 2.1 Anordnungsvoraussetzungen
     - § 167 I, II GVG –
     - Art. 1 des Abkommens über die erweiterte Zuständigkeit der Polizei der Länder bei der Strafverfolgung vom 8. November 1991 +
     - Notwendigkeit iS. von Verhältnismäßigkeit +
   - 2.2 Anordnungskompetenz, hier: Polizeiliche Eilkompetenz wegen ‚Gefahr im Verzug' +

Gutachten

1. Rechtmäßigkeit der Verfolgung und Ergreifung auf NRW-Landesgebiet

Die Rechtmäßigkeit der Verfolgung und Ergreifung setzt voraus, dass die beiden niedersächsischen Polizeibeamten auch auf nordrhein-westfälischem Landesgebiet zuständigkeitshalber tätig werden können. Erfolgt die Maßnahme von Landespolizeibeamten zu Strafverfolgungszwecken und handeln diese also in ihrer Eigenschaft als Ermittlungsbeamten der Staatsanwaltschaft (vgl. § 152 II GVG), so unterliegen sie den territorialen Beschränkungen für Polizeibeamte der Länder, soweit sie – wie hier – auf eigene Initiative tätig werden. Die örtliche Zuständigkeit für die Verfolgung und Ergreifung eines Flüchtigen findet sich nicht in der StPO, sondern in § 167 GVG.

1.1 Anordnungsvoraussetzungen

Bei P und R handelt es sich offenkundig um bei der Autobahnpolizei des Landes Niedersachsen tätige *Polizeibeamte.*

A müsste *flüchtig* gewesen sein. Flüchtig ist auch schon der auf frischer Tat Verfolgte. Bekanntermaßen aus § 127 I StPO liegt die Verfolgung auf frischer Tat vor, wenn sich der Täter zwar bereits vom Tatort entfernt hat, sichere Anhaltspunkte aber auf ihn als Täter hinweisen und seine Verfolgung zum Zweck seiner Ergreifung aufgenommen wird. Allein das dichte Auffahren, die schnelle Fahrweise und die Nichtbeachtung der Geschwindigkeitsbegrenzungen lassen noch keinen Straftatverdacht aufkommen. Allenfalls mag an die Verwirklichung von Ordnungswidrigkeitentatbeständen aus der StVO zu denken sein. Nachdem aber die A im weiteren Verlauf des Geschehens mehrfach die Fahrstreifen wechselte, verbotswidrig überholte und auch noch kurzzeitig auf der Autobahn quer zur Fahrbahn stehend zum Halten kam, liegt ein Anfangsverdacht für die Straßenverkehrsstraftatbestände gemäß § 315c I Nr. 2 StGB (sog. „Todsünden“) vor. Durch die Verfolgung durch die beiden Beamten musste A auch davon ausgehen, dass straftatverfolgende Maßnahmen gegen sie drohen (zumindest identitätsfeststellende Maßnahmen) bzw. sie zum Zwecke weiterer Ermittlungshandlungen ergriffen werden soll (denkbar sind körperliche Untersuchungen bspw.

durch Atemalkoholkontrolle, weitere Durchsuchungen und ggf. Beschlagnahme des Führerscheins/vorläufige Entziehung der Fahrerlaubnis). Indem A mit unverminderter Geschwindigkeit weiterfuhr, wollte sie sich einer Strafverfolgung – wenn auch nur zunächst – entziehen. Sie ist damit durch die Polizeibeamten auf frischer Tat verfolgt worden und gilt als ‚flüchtig'.

Da die A erst auf nordrhein-westfälischem Gebiet zum Halten kam, gelangten die beiden niedersächsischen Beamten auf das *Gebiet eines anderen deutschen Landes*, in dem sie schließlich die Ergreifung durch vorläufige Festnahme der A vollzogen.

1.2 Anordnungskompetenz

Ausweislich des Gesetzeswortlautes von § 167 I GVG sind die Polizeibeamten bei Vorliegen der – wie hier gegebenen – Anordnungsvoraussetzungen zur ‚Verfolgung und Ergreifung' der flüchtigen A befugt, was auch vollzogen worden ist. Es besteht daher auch für die vorläufige Festnahme (§ 127 I 1 StPO) auf fremdem Landesgebiet eine originäre Anordnungskompetenz für P und R.

1.3 Form- und Durchführungsvorschriften

Von der Einhaltung der speziell die vorläufige Festnahme betreffenden Form- und Durchführungsvorschriften (hier insbesondere §§ 127 IV i.V.m. 114a bis c StPO) ist auszugehen.

Die Verfolgung und Ergreifung der A auf nordrhein-westfälischem Landesgebiet durch die niedersächsischen Beamten geschah rechtmäßig.

2. Rechtmäßigkeit der weiteren, identitätsfeststellenden Maßnahmen auf NRW-Landesgebiet

2.1 Anordnungsvoraussetzungen

Fraglich ist jedoch, ob § *167 I GVG auch die Ermächtigungsgrundlage* für die weiteren, identitätsfeststellenden Maßnahmen darstellt.

Das ist wegen des eindeutigen Gesetzeswortlautes zunächst zu verneinen. Auch § *167 II GVG* statuiert lediglich die Pflicht, den Ergriffenen unverzüglich an das nächste Gericht oder die nächste Polizeibehörde des Landes, vorliegend also eine nahegelegene Polizeidienststelle in Nordrhein-Westfalen, abzuführen.

Die Zuständigkeit für die weitergehenden Maßnahmen könnte sich aber aus dem *Abkommen über die erweiterte Zuständigkeit der Polizei der Länder bei der Strafverfolgung vom 8. November 1991*[2] (im Folgenden: Abkommen) ergeben. Die Vornahme von Amtshandlungen bei der Verfolgung von Straftaten auch in anderen (Bundes-) Ländern ist hierbei an das Erfordernis geknüpft, dass einheitliche Ermittlungen insbesondere wegen der räumlichen Ausdehnung der Tat oder der in der Person des Täters oder in der Tatausführung liegenden Umstände *notwendig erscheinen* (vgl. Art. 1 I des Abkommens).

Diese Notwendigkeit einheitlicher Ermittlungen lässt sich auch als Einhaltung des *Verhältnismäßigkeitsgrundsatzes* begreifen und setzt insoweit das Vorliegen eines legitimen Zweckes voraus, die Eignung und Erforderlichkeit der Maßnahme sowie ihre Angemessenheit im Spannungsverhältnis mit den grundrechtlichen Beschränkungen des Einzelnen.

Der *legitime Zweck* liegt hier in der Feststellung der Identität der A, die bis dato den beiden Polizeibeamten noch gar nicht bekannt war. Die „Einheitlichkeit" zwischen vorläufiger Festnahme und identitätsfeststellen Maßnahmen sieht bereits § 127 I 2 StPO vor, wonach sich die Feststellung der Identität einer Person durch Beamte des Polizeidienstes nach § 163b I StPO richtet. Den vorläufig Festgenommenen ohne eine solche Identitätsfeststellung sogleich und lediglich an eine andere Polizeidienststelle zu überführen oder auch wieder laufen zu lassen, führte das strafprozessuale Festnahmerecht zum Zwecke der (Ab-)Sicherung weiterer Ermittlungen ad absurdum. Es gehört somit zum Ergreifungszweck untrennbar dazu.

Die im Sachverhalt durchgeführte Durchsuchung des Fahrzeuges sowie der mitgeführten Sachen (vgl. § 163b I 3 StPO) war, da offensichtlich die Identität auf andere Weise nicht vorrangig festgestellt werden konnte, *geeignet und erforderlich*, um an die Identität der Fahrzeuginsassin A zu gelangen.

Bei der Frage der *Angemessenheit* ist zu berücksichtigen, dass es Art. 1 I des Abkommens *regelmäßig* für *notwendig* ansieht, bei räumlicher Ausdehnung der Tat oder der in der Person des Täters oder in der Tatausführung liegenden Umstände auch polizeiliche

2 Für NRW als Bekanntmachung abgedruckt in GV. NRW 1992 S. 58.

Amtshandlungen in anderen Ländern zu gestatten. Vorliegend ist nicht bekannt, ob und inwieweit parallel zu den Geschehnissen bereits versucht worden ist, nordrhein-westfälische Polizeibehörden zu kontaktieren. Angesichts des zeitlich sich überschlagenen Tatgeschehens und der teils erheblichen Straßenverkehrsverstöße ist nichts dagegen einzuwenden, dass sich die beiden Polizeibeamten auf identitätsfeststellende Maßnahmen beschränkt, unmittelbar im Anschluss die vorläufige Festnahme beendet und die A sogar noch zu einer ihr bekannten Person gebracht haben.

Danach ist festzuhalten, dass sich die Anordnungsvoraussetzungen für die Maßnahmen der Identitätsfeststellung nur aus Art. 1 I des Abkommens ergeben. Für die getroffenen Maßnahmen waren beide Polizeibeamte somit örtlich und gem. § 163b I StPO sachlich zuständig.

2.2 Anordnungskompetenz

Für die strafverfolgende Vornahme von polizeilichen Amtshandlungen in anderen Ländern sieht Art. 1 II des Abkommens vor, dass diese grundsätzlich im Benehmen mit der zuständigen Polizeidienststelle des Landes vorgenommen werden sollen, es sei denn, es liegt *Gefahr im Verzug* vor. Gefahr im Verzug besteht, wenn die in Art. 1 I gebotenen und notwendig erscheinenden Ermittlungshandlungen in Folge der Verzögerung gefährdet wären, die durch das Sich-ins-Benehmen-setzen mit der zuständigen Polizeidienststelle des Landes eintreten würde. Vorliegend sind die von P und R getroffenen Maßnahmen notwendig, um an die Identität der Fahrzeuginsassin A zu gelangen. Es erscheint lebensfremd, die zunächst unbekannte Person als auf frischer Tat Verfolgte festzunehmen und sich zeitgleich erst noch mit einer Polizeidienststelle des Landes darüber auszutauschen, ob eine identitätsfeststellende Maßnahme überhaupt zu treffen ist. Anders wäre erst zu entscheiden, wenn die Identität bekannt ist und weitergehende Ermittlungshandlungen geplant sind, für die keine Verzögerungen durch einen Kontaktaustausch mit den Landespolizeibeamten zu besorgen sind. Beide niedersächsischen Polizeibeamten sind bei Ergreifung unmittelbar und jedenfalls zur strafprozessualen Identitätsfeststellung der A befugt.

Im Ergebnis bleibt festzuhalten, dass die beiden Polizeibeamten P und R für sämtliche getroffenen Maßnahmen örtlich zuständig waren und damit rechtmäßig handelten.

Fall 2:
Leichensache bzw. „Todesermittlungsverfahren“, § 159 StPO

Sachverhalt[3]

V hat seine Garage dem M ab November 2018 vermietet. Nachdem V auch im Januar 2019 noch keine Mietzahlung erhält und vergeblich den M mehrfach in seiner Wohnung anzutreffen versucht, begibt sich V eines Tages zu seiner Garage. Darin findet er in einer Holzkiste einen Leichnam mit ersichtlichen Stichverletzungen und informiert sofort die Polizei.

Wie ist strafprozessual zu verfahren?

Vorüberlegungen

Sog. Leichensachen – oder im Polizeijargon auch gern als „Todesermittlungsverfahren“ betitelt – gehören zum Standardrepertoire jeder kriminalpolizeilichen Dienststelle und sind insbesondere aus deren Pressemitteilungen nicht mehr wegzudenken. Besieht man sich die dafür vorhandene Rechtsgrundlage in § 159 StPO genauer, so ist festzustellen, dass Anwendungsbereich und Voraussetzungen eng umrissen sind und damit ein Verfahren eigener (von § 160 StPO unabhängiger) Art darstellt.

Gliederung

Rechtmäßigkeit einer sog. ‚Leichensache‘ gem. § 159 StPO

1. Anordnungsvoraussetzungen
   - Anhaltspunkte für unnatürlichen Tod +
   - Leichnam eines Unbekannten +

---

3 Der Sachverhalt ist einer Pressemitteilung der Polizei Bielefeld vom 14.1.2019 entnommen („POL-BI: Vermisste Frau aus Bünde“).

2. Anordnungskompetenz der Polizei, hier: Anzeigepflicht ggü. Staatsanwaltschaft/Gericht +

3. Form- und Durchführungsvorschriften, hier: Sicherung der weiteren Ermittlungen +

Gutachten

Rechtmäßigkeit einer sog. ‚Leichensache' gem. § 159 StPO

Die Voraussetzungen zur polizeilichen Anzeigepflicht bei Leichenfund und Verdacht auf einen unnatürlichen Tod finden sich in § 159 StPO.

1. Anordnungsvoraussetzungen

Nach dem Gesetzeswortlaut sind zwei Alternativen zu unterscheiden:

Es können Anhaltspunkte dafür vorhanden sein, dass jemand eines *nicht natürlichen Todes gestorben* ist. Nicht natürlich ist der durch Suizid, Unfall, durch eine rechtswidrige Tat im Sinne des § 11 I Nr. 5 StGB oder sonst durch Einwirkung von außen herbeigeführte Tod. Derartige Anhaltspunkte auf einen unnatürlichen Tod müssen konkret sein und können sich etwa aus dem Ort und den näheren Umständen der Auffindung ergeben. Vorliegend ist eine Vielzahl von Stichverletzungen am Leichnam festzustellen, was nach gesundem Menschenverstand auf eine von einer anderen Person geführte Einwirkung schließen lässt.

Andererseits besteht eine Pflicht zur Beweissicherung gemäß § 159 StPO auch dann, wenn der *Leichnam eines Unbekannten* gefunden wird. Unbekannt ist dabei ein Toter, der nicht sofort identifiziert werden kann. Auch wenn der V seinen Mieter M kennt, kann er nach dem Sachverhalt den vorgefundenen Leichnam nicht konkret identifizieren. Es gilt also zu überprüfen, ob es sich um den Leichnam des M handelt.

2. Anordnungskompetenz

Bei Vorliegen der – wie hier gegebenen – Voraussetzungen besteht die Verpflichtung von Polizei- und Gemeindebehörden zur *sofortigen An-*

zeige an die Staatsanwaltschaft oder an das Amtsgericht (§ 159 StPO). Diese „sofortige Anzeige“ ist keine Strafanzeige, sondern eine Informationserteilung an die örtlich zuständige Staatsanwaltschaft oder, wenn diese nicht alsbald zu erreichen ist, das Amtsgericht des Ortes, wo sich die Leiche befindet. Die Polizeibeamten sollten die Anzeige an die Staatsanwaltschaft richten und über den Leichenfund informieren.

3. Form- und Durchführungsvorschriften

Bis zum Eintreffen einer zuständigen Kontaktperson bzw. des Arztes, der zur Leichenschau zugezogen wird, *sichern* die Beamten *die Ermittlungen* dahingehend, dass die Leiche geborgen und bewacht oder ggf. sicher untergebracht wird, ohne Veränderungen an ihr vorzunehmen, die nicht aus Gründen der öffentlichen Sicherheit zwingend erforderlich sind.

Fall 3: Körperliche Untersuchung des Beschuldigten; hier: Anordnungskompetenz der Polizei bei Straßenverkehrsdelikten, § 81a I, II StPO

Sachverhalt[4]

Eines Samstags zur Mittagszeit beobachten die Polizeibeamten P und R einer Streifenwagenbesatzung mitten in der Hagener Innenstadt einen Pkw Marke Audi. Die Fahrerin A würgt das Auto mehrere Male vor dem Kreuzungsbereich ab und bleibt anschließend mitten auf der Kreuzung stehen. P tritt an das nur wenige Zentimeter geöffnete Fenster der Fahrertür heran und bemerkt, dass es aus dem Inneren nach Alkohol riecht.

Nach ordnungsgemäßer Belehrung stimmt die Fahrerin einem Atemalkoholtest zu, der allerdings erst beim sechsten Anlauf gelingt. Das Ergebnis liegt bei über zwei Promille. Sogleich ordnet der Polizeibeamte P eine Blutprobenentnahme an. Die Beamten verbringen die Fahrerin sodann ins nahegelegene Krankenhaus, wo die Blutentnahme ordnungsgemäß durch einen Arzt vorgenommen wird.

War die Anordnung des P zur Blutprobenentnahme rechtmäßig?

Vorüberlegungen

In den letzten 20 Jahren gab es vermutlich keine umstrittenere Debatte um eine ermittlungsbehördliche Strafverfolgungsmaßnahme als die Frage nach der Zulässigkeit der Anordnungskompetenz der Polizei zu Blutprobenentnahmen an Beschuldigten bei Straßenverkehrsdelikten. Der Gesetzgeber hat auf eine unendliche Kasuistik in Rechtsprechung und Kritik des Schrifttums sowie mehrfache Entscheidungen des BVerfG hin reagiert und in § 81a II StPO eine Neuregelung geschaffen.[5] Die modifizierte Anordnungskompetenz ist für

---

4 Der Sachverhalt ist einer Pressemitteilung der Polizei Hagen vom 10.12.2018 angelehnt („POL-HA: Drogen- und Alkoholfahrt in Hagen“).

5 Durch Gesetz zur effektiveren und praxistauglicheren Ausgestaltung des Strafverfahrens vom 17.8.2017 (BGBl. I 2017, S. 3202).

die Ermittlungsarbeit von Polizeibehörden in höchstem Maße ausbildungs- und praxisrelevant.

Gliederung

Rechtmäßigkeit der Maßnahme gem.§ 81a I 2 StPO

1. Anordnungsvoraussetzungen
   - Beschuldigter/Verdacht einer Straftat +
   - Feststellung von Tatsachen +
   - für das Verfahren von Bedeutung +
   - von einem Arzt nach den Regeln der ärztlichen Kunst +
   - keine Befürchtung von gesundheitlichen Nachteilen +
   - Verhältnismäßigkeit +
2. Anordnungskompetenz gem. § 81a II 2 StPO
   - hier: Staatsanwaltschaft und ihre Ermittlungspersonen +
   - Verdacht eines Straßenverkehrsdelikts +
3. Form- und Durchführungsvorschriften
   - mündliche Anordnung +
   - Durchführung durch Arzt +

Gutachten

Rechtmäßigkeit der Maßnahme gem. § 81a I 2 StPO

Fraglich ist, ob die angeordnete Maßnahme rechtmäßig war.

Bei dem – zunächst angeordneten – *Atemalkoholtest* handelt es sich von vornherein nicht um eine körperliche Untersuchung gemäß § 81a I StPO, weil die Vorschrift den Verdächtigen nur verpflichtet, einen körperlichen Eingriff zu dulden, ihn aber nicht dazu nötigt, bei der Durchführung von Untersuchungen selbst aktiv mitzuwirken, wie er es mittels Blasen in ein Röhrchen zur Prüfung der Atemluft tun muss.[6] Maßgeblich ist die Einwilligung des Betroffenen, dessen Einwilligungsfähigkeit nicht grundsätzlich infrage steht, wenn Alkohol oder Drogen auf ihn einwirken und nach den Umständen des

6 Seit BGH, Urt. v. 25.6.1970 – 4 StR 109/70, abgedruckt bspw. in VRS 39, 184, in ständiger höchstrichterlicher Rechtsprechung.

Einzelfalles sogar bei BAK-Werten über zwei Promille vorliegen können. Um Unsicherheiten auszuräumen, kann zusätzlich eine Blutprobenentnahme infrage kommen, muss es aber nicht.

Die angeordnete *Blutprobenentnahme* – zu deren Beteiligung die Betroffene A passiv und somit geduldeter Maßen herangezogen werden kann – findet allerdings ihre Voraussetzungen in § 81a I 2 StPO.

1. Anordnungsvoraussetzungen

Die A müsste zunächst *Beschuldigte* sein. Der Begriff Beschuldigter bedeutet hierbei nicht, dass bereits ein Ermittlungsverfahren anhängig sein muss, es kann vielmehr mit der Anordnung nach § 81a StPO eingeleitet werden, sofern bereits hinreichende Anhaltspunkte im Sinne von § 152 II StPO für eine Straftat vorliegen. Ausreichend ist jedoch nicht, die Straftat hierdurch erst aufzuspüren. Tatsächlich wahrzunehmende Anhaltspunkte waren das mehrfache Abwürgen des Motors, das Stehenbleiben auf dem Kreuzungsbereich und der deutlich wahrzunehmende Geruch von Alkohol. Daher durfte der Polizeibeamte P angesichts der ganzen Sachlage den berechtigten Verdacht schöpfen, die A sei nicht allein nur technisch unfähig, sondern infolge des Genusses alkoholischer Getränke nicht mehr in der Lage, ihr Fahrzeug sicher zu führen (§ 316 StGB). Ein Straftatverdacht liegt vor.

Zweck der Untersuchung darf nur die *Feststellung verfahrenserheblicher Tatsachen* sein. Zur Bestätigung des Verdachtes einer möglichen Trunkenheitsfahrt oder auch Entlastung müssen Erkenntnisse bezüglich der Blutalkoholkonzentration gewonnen werden, was § 81a I 2 StPO durch die Entnahme von Blutproben als zulässige und auch verfahrensbedeutsame Maßnahme ausdrücklich anerkennt.

Diese Blutprobenentnahme als körperlicher Eingriff muss von einem *Arzt nach den Regeln der ärztlichen Kunst* vorgenommen werden, was ebenfalls geschehen ist. *Gesundheitliche Nachteile* sind durch eine ärztliche Entnahme nicht ernsthaft zu befürchten, sodass auch die fehlende Einwilligung hierzu unschädlich ist.

Als ungeschriebenes Tatbestandsmerkmal ist der *Verhältnismäßigkeitsgrundsatz* zu beachten. Die Blutprobenentnahme darf daher nur angeordnet werden, wenn sie unerlässlich ist und in angemessenem Verhältnis zur Schwere der Tat steht. Soweit regelmäßig versucht werden muss, auch mit einer einfachen Untersuchung auszukommen, liegt nach dem Sachverhalt zwar das durchaus den

Verdacht erhärtende Ergebnis der Atemalkoholmessung vor. Jedoch muss aus polizeilicher Sicht berücksichtigt werden, dass mit dem gemessenen Wert von mehr als zwei Promille in einer späteren Hauptverhandlung Rechtsunsicherheiten bestehen, soweit diese Messung auf der vermeintlichen „Freiwilligkeit“ von A beruhte und eine spätere richterliche Bewertung des Vorgangs und der Folgen nicht abzuschätzen ist. Die Anordnung war insgesamt sachlich wie rechtlich unerlässlich und steht angesichts nur geringer körperlicher Beeinträchtigungen auch im angemessenen Verhältnis zum Verdacht einer vorsätzlichen Trunkenheitsfahrt (§ 316 I StGB). Sämtliche Anordnungsvoraussetzungen liegen daher vor.

2. Anordnungskompetenz

Anordnungsbefugt ist ausweislich § 81a II StPO der Richter, bei Gefährdung des Untersuchungserfolges durch Verzögerung auch die Staatsanwaltschaft und ihren Ermittlungspersonen. Eine originäre Anordnungsbefugnis von Staatsanwaltschaft und den als Ermittlungspersonen handelndem Polizeipersonal (§ 152 GVG) besteht seit der neu eingeführten Einschränkung des Richtervorbehalts in den Fällen der ausdrücklich aufgeführten Straßenverkehrsdelikte, bei denen der Verdacht besteht, dass das Fahrzeug unter Alkohol- oder Betäubungsmitteleinfluss geführt worden ist (§ 81a II 2 StPO).

Auf ‚Gefahr im Verzug‘ kommt es vorliegend also nicht (mehr) an. Für P ergaben sich hinreichende Anhaltspunkte für ein Straßenverkehrsvergehen (§ 316 StGB), so dass dieser die Blutprobenentnahme selbst anordnen konnte und durfte.

3. Form- und Durchführungsvorschriften

Die relevanten Form- und Durchführungsvorschriften sind gewahrt. Genügend ist die einerseits *mündliche Aufforderung* an die beschuldigte A wie geschehen. Es bestehen andererseits auch keine ernsthaften Zweifel, dass P ihr gegenüber die angeordnete Blutprobenentnahme auch mit den festgestellten Tatsachen *begründet und inhaltlich näher bezeichnet* hat. Schließlich ist die Voraussetzung der Vornahme des körperlichen Eingriffs durch einen approbierten Arzt ebenso erfüllt.

Danach war die Anordnung durch P rechtmäßig.

Fall 4: Körperliche Untersuchung des Beschuldigten; hier: Beschlagnahme aufgefundenen Spurenmaterials und molekulargenetische Untersuchungen, §§ 81a, 81e I, II StPO

Sachverhalt[7]

Im Februar 2014 kommt es nach einem Raub in der Münsteraner Innenstadt zu einem Handgemenge zwischen einem unbekannt gebliebenen Tatverdächtigen und einem engagierten Zeugen. Hierbei beißt der Unbekannte dem Helfer in die Hand und flüchtet. Anschließend findet man in der Nähe noch mehrere Kleidungsstücke, die der Helfer seinem Widersacher eindeutig zuordnet. Der für die Kriminalpolizei zuständige Beamte P stellt das Material sicher und ordnet eine molekulargenetische Untersuchung zum Erhalt und Sicherung einer DNA-Probe an.

Im Sommer 2018 hält eine Raubserie die Stadt erneut in Atem, da ein Tatverdächtiger auf dem Fahrrad unterwegs ist und in mindestens acht Fällen älteren Frauen im Vorbeifahren die Handtaschen entreißt. Durch Zeugenaussagen kann ein namentlicher Tatverdächtiger T ausfindig gemacht und vorläufig festgenommen werden. Der nunmehr zuständige Beamte R will einen DNA-Abgleich mit den früheren Proben aus 2014 erzwingen.

War die Anordnung der DNA-Untersuchung in 2014 rechtmäßig?

Was ist hinsichtlich der aktuell beabsichtigten Blutentnahme und molekulargenetischen Untersuchung zu beachten?

Vorüberlegungen

DNA- und sonstige molekulargenetische Untersuchungen haben die klassische Zeugenbefragung als moderne „Tatort"-Arbeit längst ab-

---

7 Der Sachverhalt ist einer Pressemitteilung der Polizei Münster vom 6.4.2018 angelehnt („POL-MS: Handtaschenräuber aus 2017 mit DNA-Probe überführt").

gelöst. Basierend auf der wissenschaftlichen Annahme, dass jeder Täter am Tatort seine ‚Identität' hinterlässt, hat der Gesetzgeber in den letzten zwei Jahrzehnten auch bei den strafprozessualen Eingriffsrechten reagiert – und behält sich das angesichts des technischen Fortschritts und der wissenschaftlichen Neuerungen auch noch weiter vor! Die entsprechend vorhandenen Gesetzesregelungen in §§ 81a, 81e StPO sind komplex und müssen bei der Ermittlungsarbeit stets „mitgedacht" werden. Bedeutsam sind zugleich bestimmte richterliche Anordnungskompetenzen, die es zu kennen gilt und bei deren Verstoß Beweisverwertungsverbote drohen.

Gliederung

1. Rechtmäßigkeit der Anordnung in 2014 gem. § 81e II StPO
   1.1 Anordnungsvoraussetzungen
      - Verdacht einer Straftat +
      - Adressat der Maßnahme +
      - Sicherstellung bzw. Beschlagnahme des Materials +
      - Zulässige Untersuchungen +
      - zur Erforschung des Sachverhaltes erforderlich +
   1.2 Anordnungskompetenz gem. § 81f I StPO
      - molekulargenetische Untersuchung anonymer Spuren +
   1.3 Form- und Durchführungsvorschriften
      - Verwendung nur für anhängiges Verfahren, § 81e II 2 i.V.m. § 81a III, 1. HS StPO +
      - § 81f II StPO +
2. Rechtmäßigkeit der Anordnung in 2018 gem. § 81e I StPO
   2.1. Anordnungsvoraussetzungen
      - Verdacht einer Straftat +
      - Adressat der Maßnahme +
      - körperlicher Eingriff gem. § 81a I 2 StPO +
      - Zulässige Untersuchungen und Abgleich mit Vergleichsmaterial +
      - zur Erforschung des Sachverhaltes erforderlich +
   2.2. Anordnungskompetenz gem. § 81f I StPO
      - hier: Staatsanwaltschaft und ihre Ermittlungspersonen +
      - Gefahr im Verzug –
      - Zuständigkeit beim Richter +
   2.3. Form- und Durchführungsvorschriften

- § 81a III StPO +
- § 81f II StPO +

Gutachten

1. Rechtmäßigkeit der Anordnung in 2014 gem. § 81e II StPO

Die Anordnung könnte auf § 81e II StPO gestützt sein. Die Vorschrift ist im Zusammenhang mit § 81e I StPO zu lesen: Danach dürfen das DNA-Identifizierungsmuster, die Abstammung und das Geschlecht einer Person mittels molekulargenetischer Untersuchung auch an aufgefundenem, sichergestelltem oder beschlagnahmten Material durchgeführt werden.

1.1 Anordnungsvoraussetzungen

Vorausgesetzt ist – wie auch sonst bei strafprozessualen Ermittlungsgrundlagen – das Vorliegen *zureichender tatsächlicher Anhaltspunkte für das Vorliegen einer verfolgbaren Straftat* (§ 152 II StPO). In Rede steht im vorliegenden Fall der Verdacht eines Raubes (§ 249 StGB) bzw. räuberischen Diebstahls (§ 252 StGB), auf den der Helfer aufmerksam gemacht und sogar noch die liegen gebliebenen Kleidungsstücke dem flüchtenden Tatverdächtigen zugeordnet hat. Ein Anfangsverdacht auf ein Verbrechen (§ 12 I StGB), wenn auch zunächst noch gegen ‚Unbekannt' gerichtet, liegt vor.

Als *„Adressat" molekulargenetischer Maßnahmen* kommt nach § 81e II StPO gesichertes Material in Betracht, bei dem noch unklar ist, ob es sich um eine Spur des Täters, um Material des Opfers oder überhaupt um eine mit der Tat zusammenhängende Spur handelt. Liegen indes – wie hier – Anhaltspunkte auf eine Spur des vermeintlichen Täters vor, hat als Vorstufe die *Sicherstellung oder Beschlagnahme des Materials* gemäß § 94 I, II StPO zu erfolgen, was hier entsprechend auch erfolgt ist.

An diesem gesicherten Material dürfen mittels molekulargenetischer Untersuchung einzig das *DNA-Identifizierungsmuster, die Abstammung und das Geschlecht der Person festgestellt* werden; Feststellungen über andere Tatsachen dürfen nicht erfolgen und hierauf gerichtete Untersuchungen sind unzulässig (§ 81e II 2 i.V.m. I

2 StPO). Auch ohne dass schon ein Beschuldigter konkret ermittelt worden ist, kann die Untersuchung notwendig sein, um später die DNA-Analyse im Sinne eines Abgleichs der Feststellungen mit Vergleichsmaterial durchführen zu können. Da der Verdächtige auf die Bekundungen des Helfers unbekannt geblieben und flüchtig ist, ist es verfahrensfördernd, die Kleidungsstücke auf die zugelassenen Feststellungen hin zu untersuchen.

Damit ist die Maßnahme sogleich auch *zur Erforschung des Sachverhaltes erforderlich*, sodass sie verhältnismäßig ist.

1.2 Anordnungskompetenz

Die Vorschrift des § 81e StPO enthält keine Vorgaben über die Anordnungsbefugnis zur molekulargenetischen Untersuchung. Das diesbezügliche Verfahren ist vielmehr in § 81f StPO geregelt. Die molekulargenetische Untersuchung von zunächst noch anonymen Spuren unterfällt hierbei nicht der Anordnungskompetenz des Gerichtes, was sich aus der Lektüre des Gesetzeswortlautes des § 81f I 1 StPO ergibt. Danach war P befugt, die Anordnung hier selbst zu treffen.

1.3 Form- und Durchführungsvorschriften

Besondere Bedeutung für die Form und Durchführung der Maßnahme ergibt sich aus § 81e II 2 i.V.m. § 81a III, 1. HS StPO, wonach das Material nur für Zwecke eines anhängigen Strafverfahrens verwendet werden darf. Die Vernichtungsregelung des § 81 III gilt für dieses gesicherte Material im Gegensatz zu dem von einem Beschuldigten entnommenen Material gerade nicht. Das – anhängige – Verfahren richtet sich hier gegen Unbekannt, das zu untersuchende Material kann anfangs noch gar nicht einer bestimmten Person, sondern lediglich einem flüchtenden Tatverdächtigen zugeordnet werden.

Weitere, das weitere Verfahren regelnde Vorschriften finden sich in § 81f II StPO, die mangels gegenteiliger Angaben als erfüllt anzusehen sind.

Die Anordnung des P zur molekulargenetischen Untersuchung war danach im Ergebnis rechtmäßig.

2. Rechtmäßigkeit der Anordnung in 2018 gem. § 81e I StPO

Die Voraussetzungen für eine Blutentnahme zum Zwecke der molekulargenetischen Untersuchung und Abgleich mit dem Vergleichsmaterial sind in § 81e I StPO geregelt.

Von R ist daher bei weiterer Vorgehensweise zu beachten:

2.1. Anordnungsvoraussetzungen

Gegen T richtet sich der Verdacht von Diebstahls- bzw. Raubtaten (§§ 242, 249 StGB). *Beschuldigter* ist danach der Tatverdächtige, gegen den polizeiliche Ermittlungen wegen des Verdachts einer strafbaren Handlung geführt werden. Danach ist T als vorläufig festgenommener Tatverdächtiger auch richtiger „Adressat" der Maßnahme.

Als zulässige Maßnahme und sozusagen als Vorstufe zur molekulargenetischen Untersuchung kommt hier ein *körperlicher Eingriff gemäß § 81a I 2 StPO* in Form der Blutentnahme in Betracht. Hierbei ist die freiwillige oder zwangsweise Entnahme von Körperzellen nach den dortigen Voraussetzungen *(siehe dazu Fall 3)* erforderlich.

An diesem durch eine Maßnahme nach § 81a I StPO erlangten Material dürfen das DNA-Identifizierungsmuster, die Abstammung und das Geschlecht der Person festgestellt und diese Feststellungen mit Vergleichsmaterial abgeglichen werden; Feststellungen über andere Tatsachen dürfen nicht erfolgen und hierauf gerichtete Untersuchungen sind unzulässig (§ 81e I 2 StPO). Der Abgleich des von ihm entnommenen Materials mit dem Vergleichsmaterial aus 2014 ist zur Erforschung des Sachverhalts und seiner möglichen Überführung bzw. Entlastung auch erforderlich, weil andere und mildere Maßnahmen offensichtlich nicht zur Verfügung stehen.

2.2. Anordnungskompetenz

Ohne schriftliche Einwilligung – hier von T – dürfen die Untersuchungen nach § 81f I StPO nur durch das Gericht, bei Gefahr im Verzug auch durch die Staatsanwaltschaft und ihre Ermittlungspersonen (§ 152 GVG) angeordnet werden. Die schriftliche Einwilligung des Betroffenen lässt die richterliche Anordnungskompetenz entfallen, erforderlich ist dafür aber eine Belehrung nach Maßgabe des § 81f I 2 StPO.

Gefahr im Verzug kann bei der Anordnung molekulargenetischer Untersuchungen relevant werden, wenn ohne das Ergebnis der DNA-Analyse der für die Anordnung der Untersuchungshaft erforderliche Tatverdacht noch nicht gegeben ist. T ist nach dem Sachverhalt keinesfalls auf frischer Tat betroffen oder verfolgt und wurde daher – was nur naheliegt – nach § 127 II i.V.m. §§ 112 StPO vorläufig festgenommen. Der dringende Tatverdacht muss also bereits aufgrund der Zeugenaussagen anzunehmen gewesen sein, anderenfalls wäre der im Festnahmezeitpunkt zu fordernde Verdachtsgrad – § 127 II StPO ermächtigt nur zur Festnahme „unter den Voraussetzungen eines Haftbefehls“ (vgl. § 112 I 1 StPO) – gerade nicht gegeben. Eine vorläufige Festnahme erst zur Informationsgewinnung zu ‚dringendem Tatverdacht‘ ist daher unzulässig. Erhebliche Verzögerungen sind hier durch das Einholen einer richterlichen Anordnung auch nicht ernsthaft zu besorgen, die unter dem Gesichtspunkt einer beschleunigten Verfahrensführung zugleich für die Blutprobenentnahme bei T (§ 81a II StPO) und die molekulargenetische Untersuchung (§ 81f I StPO) zu beantragen ist.

2.3. Form- und Durchführungsvorschriften

Für die beabsichtigte Blutprobenentnahme gilt zunächst § 81a III StPO, wonach das Material nur für Zwecke des der Entnahme zugrundeliegenden Strafverfahrens verwendet werden darf.

Ferner ist § 81f II StPO durch den die Untersuchung Anordnenden zu beachten, also die Beauftragung des Sachverständigen, die Übergabe in anonymisierter Form und die datenschutzrechtliche Kontrolle.

Bei Beachtung dieser Anordnungsvoraussetzungen und -kompetenzen erweisen sich die von R begehrte Blutprobenentnahme und molekulargenetische Untersuchung zum Zwecke der übereinstimmenden Feststellung mit dem in 2014 gesicherten Vergleichsmaterial rechtmäßig.

Fall 5:
Körperliche Untersuchung des Beschuldigten; hier: Zulässigkeit von Untersuchungsgegenstand und -methode, § 81a StPO

Sachverhalt[8]

Der 81-jährige A ist verdächtig, das 15-jährige Mädchen L, das ihm beim Putzen helfen sollte, in seiner Wohnung nach § 177 VI 2 Nr. 1 StGB insgesamt vier Mal vergewaltigt zu haben, in dem er gegen ihren Willen an ihr gewaltsam den ungeschützten Beischlaf vollzogen hat.

L zeigt A erst 3 Monate später an. A bestreitet die Tat und gibt an, seit Jahren aufgrund einer Diabetes-Erkrankung zu Erektionen nicht mehr in der Lage zu sein.

Ein Sachverständiger erklärt dazu, die Erektionsfähigkeit lasse sich durch Ultraschalluntersuchungen des Penis, durch Nachtschlafuntersuchungen über mehrere, maximal jedoch drei, Nächte, aber auch durch im wachen Zustand durch Bilder und Filme vermittelte sexuelle Reize mittels eines mit dem Penis verbundenen Aufzeichnungsgerätes (Erektometer) feststellen. Die Ejakulationsfähigkeit lasse sich im Wesentlichen durch eine Befragung feststellen.

A erklärt, mit der geplanten Untersuchung nicht einverstanden zu sein.

1. Können an A die vorgeschlagenen Untersuchungen auch gegen seinen erklärten Willen vorgenommen werden?
2. Welche formellen Voraussetzungen sind zu beachten?

Vorüberlegungen

§ 81a StPO gestattet die zwangsweise körperliche Untersuchung des Beschuldigten. Sie dient der Feststellung von verfahrenserheblichen Tatsachen. Der Körper des Beschuldigten wird damit zum Augen-

8 Der Sachverhalt beruht auf einem Beschluss des OLG Köln, 9.3.2004 – 2 Ws 32/04; BeckRS 2004, 18638.

scheinsobjekt. Die körperliche Untersuchung von Dritten richtet sich dagegen nach § 81c StPO. Vgl. dazu Fall 6.

§ 81a StPO unterscheidet die einfache körperliche Untersuchung von der Untersuchung mit Eingriffscharakter, zu der auch die Blutentnahme gehört. Hinsichtlich der Blutentnahme ist zwischen einer solchen zur Verfolgung von Verkehrsstraftaten (und auch Ordnungswidrigkeiten, vgl. § 46 IV 2 OWiG) und einer Blutentnahme zu anderen Zwecken, wie etwa die Feststellung der Schuldfähigkeit zum Tatzeitpunkt, zu unterscheiden, denn nur für die erstere liegt die Anordnungskompetenz bei der Staatsanwaltschaft bzw. der Polizei. Vgl. dazu Fall 3.

Abgesehen von einer Blutentnahme nach § 81a I 2 StPO setzt jede körperliche Untersuchung entweder eine Einwilligung des Beschuldigten oder eine richterliche Anordnung voraus. Soweit mit ihr ein schwerwiegender Eingriff verbunden ist, ist zwingend eine richterliche Anordnung erforderlich.

Im Hinblick auf diesen Einwilligungs- bzw. richterlichen Vorbehalt ist die Frage, ob das Inspizieren von natürlichen Körperöffnungen eine körperliche Durchsuchung nach § 102 StPO oder eine körperliche Untersuchung ist, eher akademischer Natur.

Auch wenn die Blutentnahme und das Inspizieren von natürlichen Körperöffnungen die hauptsächlichsten Anwendungsfälle sein dürften, ist eine Vielzahl anderer körperlicher Untersuchungen im Strafverfahren denkbar, wie etwa Untersuchungen zum Alter des Beschuldigten. Diese weisen häufig Eingriffscharakter auf, weil sie mit der Entnahme von Körperproben verbunden und oftmals auch nur stationär durchführbar sind. Diese sind insbesondere auf ihre Verhältnismäßigkeit zu prüfen.

Körperliche Untersuchungen erfordern im Übrigen nicht selten die Mitwirkung des Beschuldigten. Hierzu ist der Beschuldigte jedoch nicht verpflichtet und darf dazu auch nicht gezwungen werden. Er ist allein zu einem passiven Erdulden verpflichtet, das allerdings mit Zwang durchgesetzt werden kann.

Gliederung

Rechtmäßigkeit der körperlichen Untersuchung gem. § 81a StPO

1. Anordnungsvoraussetzungen
   - 1.1 Anfangsverdacht +
   - 1.2 Adressat der Maßnahme
   - 1.3 Zweck der Maßnahme
   - 1.4 Art und Umfang der Untersuchung
   - 1.5 Verhältnismäßigkeit +
2. Anordnungskompetenz +
3. Form- und Durchführungsvorschriften +

Gutachten

1. Anordnungsvoraussetzungen

1.1 Anfangsverdacht einer Straftat

§ 81a StPO setzt wie der weit überwiegende Teil der Maßnahmen nach der StPO einen Anfangsverdacht einer Straftat im Sinne von § 152 II StPO voraus. Aufgrund der Anzeige des Mädchens besteht ein auf Tatsachen beruhender Verdacht der Vergewaltigung nach § 177 VI 2 Nr. 1 StGB.

1.2 Adressat der Maßnahme

Adressat der Maßnahme kann allein der Beschuldigte sein. Gegen A wird ermittelt. Er ist Beschuldigter.

1.3 Zweck der Maßnahme

Die körperliche Untersuchung dient der Feststellung der Erektionsfähigkeit und der Ejakulationsfähigkeit des Beschuldigten. Beides sind Tatsachen, die im Rahmen des Tatbestandsmerkmales „Vollziehung des Beischlafes“ und „Eindringen“ des § 177 VI 2 Nr. 1 StGB relevant für den Tatvorwurf sein können.

1.4 Art und Umfang der Untersuchung

1.4.1 Die Ejakulationsfähigkeit setzt nach den Angaben des Sachverständigen entscheidend voraus, dass der Beschuldigte Angaben macht. Zu einer derart aktiven Mitwirkung an der Untersuchung ist der Beschuldigte jedoch nicht verpflichtet. Sie kann auch nicht erzwungen werden. Verpflichtet ist er lediglich zu einem Erdulden, das jedoch auch zwangsweise durchgesetzt werden kann. Da A bereits erklärt hat, mit der geplanten Untersuchung nicht einverstanden zu sein, ist nicht davon auszugehen, dass er diese freiwilligen Angaben machen wird. Demzufolge ist eine Untersuchung auf die Ejakulationsfähigkeit unmöglich und damit auch unzulässig.

1.4.2 Die Feststellung der Erektionsfähigkeit mittels einer Ultraschalluntersuchung des Penis und der Penisdurchblutung ist eine ambulant mögliche Untersuchung ohne Eingriffscharakter, die keinerlei aktive Mitwirkung erfordert.

Die Nachtschlafuntersuchung, bei der der Penis mit einem Aufzeichnungsgerät (Erektometer) verbunden wird, ist ebenfalls eine Untersuchung ohne Eingriffscharakter, auch wenn sie nur stationär durchgeführt werden und bis zu drei Tage/Nächte dauern kann. Sie setzt keinerlei aktive Mitwirkung voraus, sondern lediglich ein Erdulden.

Sofern mit dem Erektometer Aufzeichnungen gemacht werden sollen, die auf mittels Bilder und Filmen vermittelten Reizen beruhen, sog. Phallographie, sollen damit innere Vorgänge erforscht werden, auf die der Beschuldigte keinen Einfluss hat. Die Phallographie ist ein Eindringen in das Innere des Beschuldigten und verletzt die Freiheit der Willensentscheidung und -betätigung und ist nach herrschender Meinung mit der Menschenwürde nicht vereinbar.

1.4.3 Auch, wenn die vorgenannten Untersuchungen nicht in die körperliche Substanz eingreifen, setzen sie dennoch voraus, dass sie nach den Regeln der ärztlichen Kunst und damit von kundigem Personal durgeführt werden, da sie andernfalls nutzlos und damit unzulässig sind.

1.4.4 Das Erdulden der Maßnahme kann mit unmittelbarem Zwang durchgesetzt werden. Seine Zulässigkeit ergibt sich aus der StPO. Das Polizeigesetz ist hier nicht anwendbar. Zwar enthält die StPO insoweit keine explizite Regelung. Die Auslegung der Eingriffsnorm ergibt jedoch, dass diese auch die Ermächtigung zu solchen Vorbereitungs- und Begleitmaßnahmen beinhaltet, die mit der Maßnahme an sich typischerweise unerlässlich verbunden sind.

Die Begleitmaßnahme, das heißt hier der unmittelbare Zwang, muss allerdings verhältnismäßig sein. Dies schließt es im vorliegenden Fall aus, dem Beschuldigten etwa Schlafmittel zwangsweise zu verabreichen, sollte er den Schlaf für die Nachtschlafuntersuchung verweigern.

1.5 Verhältnismäßigkeit

Hier stehen Maßnahmen im Raum, die den Beschuldigten in seiner körperlichen Integrität und seiner Intimität betreffen, auch wenn sie nicht in die Körpersubstanz eingreifen. Auch wenn mit dieser Untersuchung der Intimbereich betroffen ist, ist dies kein unzulässiger Eingriff in die Intimsphäre als Kernbereich. Denn der Kernbereichsschutz ist nicht so zu verstehen, dass damit gleichsam die Geschlechtsteile als solches „unantastbar" wären. Die angeordneten Maßnahmen sind per se folgenlos und auch für das betagte Alter des Beschuldigten ungefährlich. Zwar können sowohl das Erdulden der Ultraschalluntersuchung als auch der Nachtschlafuntersuchung mittels Zwanges durchgesetzt werden. Die damit verbundenen Folgen, wie etwa das Fixieren des Beschuldigten, sind jedoch Auswirkung des eventuellen Widerstandes des Beschuldigten, nicht aber der angeordneten Maßnahmen selbst. Die Untersuchung ist auf die beschriebenen Maßnahmen beschränkt, sie ist laut den Angaben des Sachverständigen geeignet, die Erektionsfähigkeit als relevante Tatsache festzustellen, und zugleich erforderlich, da andere Maßnahmen nicht zur Verfügung stehen. Im Gegensatz dazu steht das Interesse an der Aufklärung einer Straftat gegen die sexuelle Selbstbestimmung, die schwer wiegt. Insofern erscheint die Maßnahme auch verhältnismäßig.

2. Anordnungskompetenz

Die angeordneten Maßnahmen greifen nicht in die körperliche Substanz ein. Insofern wäre ihre Durchführung auf der Grundlage eines Einverständnisses des Beschuldigten möglich. Ein solches liegt jedoch nicht vor, so dass die Untersuchung durch den Richter anzuordnen ist. Zuständig ist gemäß § 162 StPO vor Anklageerhebung der Ermittlungsrichter.

Die Annahme einer Gefahr in Verzug scheidet erkennbar aus.

3. Form- und Durchführungsvorschriften

Die Anordnung setzt die Anhörung nach § 33 II und III StPO voraus.

Fall 6: Körperliche Untersuchung anderer Personen; hier: Anwendung unmittelbaren Zwanges beim Opfer, §§ 81c, 70 StPO

Sachverhalt

Nachts wird die nur unvollständig bekleidete A von Passanten getroffen. A macht einen verwirrten und unter Schock stehenden Eindruck. Die Passanten informieren die Polizei.

Eine Befragung der A ergibt den Verdacht auf eine Sexualstraftat. A will sich zunächst heftig gewehrt haben, sie erklärt, sie habe den Täter gekratzt, dabei sei auch einer ihrer Fingernägel abgebrochen.

A lässt es zu, dass die Hände samt Fingernägeln begutachtet und fotografiert werden, die Polizeibeamtin P – Ermittlungsperson der Staatsanwaltschaft – reinigt die Fingernägel und stellt die so gewonnenen Partikel sicher. Sie schneidet sodann die nicht abgebrochenen Fingernägel, um diese auch einer Spurenauswertung zuführen zu können, was die A nur widerwillig zulässt.

P möchte nun, dass A von einer Ärztin/einem Arzt untersucht wird, dabei soll unter anderem ein Scheidenabstrich gemacht werden. A verweigert diese Untersuchung.

War das Untersuchen und Abschneiden der Fingernägel rechtmäßig?

Kann die A unter Anwendung unmittelbaren Zwanges untersucht werden?

Vorüberlegungen

§ 81c StPO regelt die körperliche Untersuchung anderer Personen, die dulden müssen, körperlich untersucht zu werden, soweit sie als Zeugen in Betracht kommen und wenn festgestellt werden muss, ob sich Spuren oder Folgen einer Straftat an ihrem Körper befinden. Nicht erlaubt ist ein körperlicher Eingriff, mit Ausnahme der Blutprobe bei der Abstammungsuntersuchung, § 81c II StPO. Dabei misst das Gesetz der Einwilligung durch den betroffenen Bürger/der betroffenen Bürgerin große Bedeutung zu.

Weiterhin ist zu bedenken, dass sich die Maßnahme weder gegen den Beschuldigten oder einen generell zur Mitwirkung im Strafverfahren berufenen Sachverständigen richtet, sondern gegen eine Unverdächtige. Diese bedarf schon insoweit eines erhöhten Schutzes vor staatlichen Maßnahmen.

Im vorliegenden Fall ist eine Zeugin, die mutmaßlich Opfer einer Sexualstraftat geworden ist, nicht bereit, in eine solche Inaugenscheinnahme ihres Körpers samt Sicherung von relevanten Spuren einzuwilligen und eine solche Untersuchung zu dulden. Besondere Bedeutung kommt hier der Verhältnismäßigkeit einer solchen Untersuchung zu und darüber hinaus auch der Verhältnismäßigkeit des Einsatzes unmittelbaren Zwanges. Dies gilt umso mehr, als die Frau bereits Opfer einer Straftat geworden sein könnte, die ihren eigenen Willen missachtete und in ihre körperliche und seelische Unversehrtheit mit traumatisierender Wirkung eingegriffen hat. Das Strafverfolgungsinteresse des Staates und die Grundrechte des Opfers sind hier sorgfältig abzuwägen.

In Betracht kämen hier natürlich auch noch andere Untersuchungen am Körper des Opfers sowie die Sicherstellung der Kleidung sowie der Partikel unter den Nägeln. Auf diesbezügliche Ausführungen wird aus didaktischen Gründen verzichtet.

Gliederung

1. Inaugenscheinnahme der Hände samt Sicherung der dort befindlichen Spuren

   Rechtmäßigkeit der Maßnahme gem. § 81c I StPO

   1.1 Anordnungsvoraussetzungen
   - Verdacht einer Straftat +
   - Betroffene ist unverdächtig +
   - Zeugeneigenschaft +
   - Spur am Körper +
   - Tatfolge am Körper +
   - Notwendigkeit der Feststellung +
   - Verhältnismäßigkeit, insbesondere Zumutbarkeit +

   1.2 Anordnungskompetenz gem. § 81c V StPO
   - hier: Staatsanwaltschaft und ihre Ermittlungspersonen +
   - Gefahr im Verzug +

1.3 Form- und Durchführungsvorschriften
hier. § 81d StPO +

2. Abschneiden der Fingernägel
Rechtmäßigkeit der Maßnahme gem. § 81c I StPO
2.1. Anordnungsvoraussetzungen
- Verdacht einer Straftat +
- Betroffene ist unverdächtig +
- Untersuchung *am* Körper; Problem: Abschneiden ist Eingriff –
2.2 Hilfsweise: Notwendigkeit –

3. Ärztliche Untersuchung, insbesondere Scheidenabstrich
Rechtmäßigkeit der Maßnahme gem. § 81c I, IV StPO
3.1. Anordnungsvoraussetzungen
- Verdacht einer Straftat +
- Betroffene ist unverdächtig +
- Zeugin +
- Spuren +
- Tatfolgen +
- Notwendigkeit +
- kein Eingriff +
3.2. Verhältnismäßigkeit
insbesondere Zumutbarkeit gem. § 81c IV StPO +
3.3. Anordnungskompetenz gem. § 81c V StPO
- hier: Staatsanwaltschaft und ihre Ermittlungspersonen gem. § 81c V 2 StPO +
- Gefahr im Verzug +
3.4. Form- und Durchführungsvorschriften
- § 81d StPO Frau oder Arzt +
- Unmittelbarer Zwang gem. § 81c VI 2, 3, StPO +
- Anordnungskompetenz beim Richter +
- Art und Durchführung des unmittelbaren Zwanges +
- Verhältnismäßigkeit –

Gutachten

1. Inaugenscheinnahme der Hände samt Sicherung der dort befindlichen Spuren

Rechtmäßigkeit gem. § 81c I StPO

1.1 Anordnungsvoraussetzungen

Gem. § 81c I StPO dürfen andere Personen als der Beschuldigte dann untersucht werden, wenn sie als Zeugen in Betracht kommen und soweit zur Erforschung der Wahrheit festgestellt werden muss, ob sich an ihrem Körper eine bestimmte Spur oder Folge einer Straftat befindet.

Vorliegend besteht der *Verdacht einer Straftat* gegen das Recht auf sexuelle Selbstbestimmung.

A ist einer Straftat *nicht verdächtig*, sie könnte *Zeugin* sein. Ein Zeuge ist eine Person, die in einem gegen eine andere Person gerichteten Verfahren Wahrnehmungen über Tatsachen durch Aussagen kundtun kann. A könnte Opfer einer Sexualstraftat geworden sein. Damit kann sie Angaben über Tatverlauf und Täter machen, die für das Verfahren von Bedeutung sind. A ist Zeugin.

Gleichzeitig könnten sich an ihrem Körper aber auch *Spuren oder Tatfolgen* befinden. Spuren i.S.d. § 81c StPO sind durch die Tat verursachte Veränderungen oder Merkmale am Körper des Opfers, aus denen Rückschlüsse auf die Tat, die Art und Weise ihrer Durchführung oder den Täter zu ziehen sind.

Eine Tatfolge ist dagegen eine objektive Veränderung am Körper des Opfers, ohne dass sich daraus Hinweise auf die Täterschaft einer bestimmten Person ergeben.

A gibt an, sich gewehrt und den Täter gekratzt zu haben. Unter ihren Fingernägeln könnten sich Blut und Hautteile des Täters befinden. Gleichzeitig könnte der Täter Spuren der Gegenwehr As am Körper tragen. Die Partikel unter As Fingernägeln sind also Spuren.

Demgegenüber stellt der abgebrochene Fingernagel von A eine Tatfolge dar.

Die Spur befindet sich auch am Körper der A. Das Reinigen der Fingernägel entspricht nicht einem Eingriff sondern einer zulässigen Untersuchung des Körpers des Opfers.

Die Feststellung müsste auch *notwendig* sein. Notwendig ist sie, wenn zur Erforschung der Wahrheit festgestellt werden muss, ob sich am Körper der Zeugin die Spur oder Folge der Straftat befindet. Die körperliche Untersuchung ist also zulässig, wenn andere Beweismittel nicht zur Verfügung stehen. Im vorliegenden Fall stehen die Ermittlungen noch ganz am Anfang. Außer der Aussage der A stehen noch keine anderen Beweismittel zur Verfügung. Dabei ist zu beachten, dass die A vermutlich Opfer einer Straftat gewesen ist und ihre Aussage jedenfalls subjektiv gefärbt ist. Ihre Einlassungen sollten, soweit möglich, durch andere Beweismittel erhärtet oder entkräftet werden. Die Partikel unter den Fingernägeln der A könnten die Aussage der A bestätigen und darüber hinaus Hinweise auf den möglichen Täter geben.

Das Reinigen der Fingernägel ist der A auch *zumutbar*. Es bestehen insgesamt an der Verhältnismäßigkeit keine Zweifel.

1.2 Anordnungskompetenz

Die Maßnahme durfte angeordnet werden. Grundsätzlich ist dafür der Richter zuständig, § 81c V StPO. Bei *Gefahr im Verzug* sind aber auch die *Staatsanwaltschaft und ihre Ermittlungspersonen* anordnungsbefugt. Um die Ergebnisse der Fingernageluntersuchung noch unmittelbar dem Tatgeschehen zuordnen zu können und um dem Verlust dieses Beweismittels vorzubeugen, muss die Untersuchung unverzüglich stattfinden. Sie darf von Ermittlungspersonen der Staatsanwaltschaft angeordnet werden.

1.3 Form- und Durchführungsvorschriften

§ 81d StPO wurde beachtet.

Das Reinigen der Fingernägel war rechtmäßig.

2. Abschneiden der Fingernägel

Rechtmäßigkeit der Maßnahme gem. § 81c I StPO

2.1. Anordnungsvoraussetzungen

Fraglich ist, ob dies auch für das Abschneiden der Fingernägel gilt.

Gem. § 81c I StPO darf der Körper eines Zeugen nur untersucht werden; weitergehende *Eingriffe* braucht der Zeuge nicht zu dulden. Insoweit können Erkenntnisse nur gefunden werden, wenn der Zeuge in den Eingriff eingewilligt hat.

Fraglich ist, ob das Abschneiden der Fingernägel ein Eingriff ist. Von einem Eingriff spricht man im Allgemeinen, wenn Ermittlungsorgane in das haut- und muskelumschlossene Körperinnere eingreifen bzw. eingreifen lassen, bzw. natürliche Körperbestandteile dem Körper entnehmen oder entnehmen lassen. Fingernägel sind Bestandteile des Körpers ebenso wie Haare. Für die Entnahme einer Haarprobe ist allgemein anerkannt, dass es sich hierbei um einen körperlichen Eingriff handelt. Gleiches muss auch für das Abschneiden der Fingernägel gelten. Einen solchen Eingriff hätte die Beamtin P nur mit Einwilligung der A durchführen dürfen. Eine solche gilt nur dann als wirksam erteilt, wenn sie auf einer autonomen Entscheidung beruht, in Kenntnis des Umfangs der Untersuchung gegeben wird und dem Einwilligenden bewusst ist, dass ihm ein Weigerungsrecht zusteht. Im vorliegenden Fall stimmt die A nur „widerwillig" zu. Darin kann keine wirksam erteilte Einwilligung gesehen werden.

Die Maßnahme war danach nicht rechtmäßig.

2.2. Hilfsweise: Notwendigkeit

Selbst wenn davon ausgegangen werden müsste, dass die Einwilligung wirksam erteilt wurde, wäre fraglich, ob die Maßnahme *notwendig* war. Es ist nämlich kein Grund ersichtlich, warum die Fingernägel abgeschnitten wurden. Das Fotografieren bzw. die Sicherung der bei der Fingernagelreinigung angefallenen Partikel stellt eine ausreichende Grundlage dar, um Tat, Täter und Tathergang näher eingrenzen zu können. Ein Beweiswert der Fingernägel ist nicht ersichtlich.

Auch nach dieser Ansicht ist die Maßnahme daher nicht rechtmäßig.

3. Ärztliche Untersuchung, insbesondere Scheidenabstrich

Rechtmäßigkeit der Maßnahme gem. § 81c I, VI StPO

3.1. Anordnungsvoraussetzungen

Gem. § 81c I StPO dürfen andere Personen als der Beschuldigte dann untersucht werden, wenn sie als Zeugen in Betracht kommen und soweit zur Erforschung der Wahrheit festgestellt werden muss, ob sich an ihrem Körper eine bestimmte Spur oder Folge einer Straftat befindet.

A ist als mutmaßliches Opfer einer Sexualstraftat *Zeugin* eines möglichen Verbrechens.

Gleichzeitig könnten sich an ihrem Körper aber auch *Spuren* oder *Tatfolgen* befinden. Spuren i.S.d. § 81c StPO sind durch die Tat verursachte Veränderungen oder Merkmale am Körper des Opfers, aus denen Rückschlüsse auf die Tat, die Art und Weise ihrer Durchführung oder den Täter zu ziehen sind.

Eine Tatfolge ist dagegen eine objektive Veränderung am Körper des Opfers, ohne dass sich daraus Hinweise auf die Täterschaft einer bestimmten Person ergeben.

Zur Aufklärung der Tat ist es notwendig, festzustellen, ob der Täter die A vergewaltigt oder sexuell genötigt hat. Auch sind mögliche Verletzungen festzustellen, ebenso, wie es wichtig ist, Feststellungen zu der Art und Weise der möglichen sexuellen Nötigung zu treffen. Darunter ist insbesondere zu verstehen, ob das Opfer auf besonders demütigende Weise sexuell genötigt wurde. Eine körperliche Untersuchung des Unterleibes, sowie eine vaginale und/oder rektale Untersuchung ist angezeigt; dabei ist insbesondere auf Sperma- oder Urinspuren zu achten. Körpersekrete des Täters können diesem später zugeordnet werden; seine DNA ist aus diesen zu ermitteln. An As Körper können sich also sowohl Spuren als auch Tatfolgen befinden.

Die Spur oder Tatfolge muss sich *am* Körper des Opfers befinden, darf also kein Eingriff sein. Eine vaginale bzw. rektale Untersuchung ist kein Eingriff im Sinn des Gesetzes. Grundsätzlich darf nämlich die Körperoberfläche einschließlich aller natürlichen Körperöffnungen untersucht werden, soweit die Feststellung *notwendig* ist. Sie ist notwendig, wenn zur Erforschung der Wahrheit festgestellt werden muss, ob sich am Körper des Opfers eine bestimmte Spur oder Tatfolge befindet. Anders als durch die körperliche Untersuchung kann nicht zweifelsfrei festgestellt werden, ob die A vergewaltigt wurde; insofern kommt ihrer Aussage nur indizielle Bedeutung zu.

3.2. Verhältnismäßigkeit

Die Maßnahme müsste der A gem. § 81c IV StPO auch *zumutbar* sein. Dabei ist dies eine besondere Ausformung des Grundsatzes der Verhältnismäßigkeit. Die körperliche Untersuchung ist geeignet, festzustellen, ob A vergewaltigt wurde und ob ihr Verletzungen zugefügt wurden; die so festgestellten Untersuchungsergebnisse lassen Rückschlüsse auf die Art und Vorgehensweise des Täters und die Tatbegehung zu. Sie ist auch erforderlich, denn andere Maßnahmen, A's körperlichen Zustand zu dokumentieren, gibt es nicht. Fraglich ist, ob sie auch zumutbar ist. Dies ist nur dann der Fall, wenn sie A bei Würdigung aller Umstände zugemutet werden kann. § 81c IV StPO fordert dabei eine Abwägung des allgemeinen Interesses an Aufklärung einer Straftat gegen das Individualinteresse an Beachtung der Grundrechte. Bei der Verfolgung von Verbrechen tritt das Einzelinteresse gegenüber dem Gemeinschaftsinteresse im Allgemeinen zurück. Die mutmaßliche Beweisbedeutung der Untersuchung der A ist als hoch einzustufen, die dabei gewonnenen Erkenntnisse sind wichtig für die Aufklärung der Straftat sowie gegebenenfalls für die Urteilsfindung des Richters. Auf der anderen Seite steht das Persönlichkeitsrecht der A, die zum einen das Recht hat, über ihren Körper zu bestimmen und deren Persönlichkeitsrecht auf der anderen Seite bereits von einem Straftäter verletzt wurde. Die Verhältnismäßigkeit der Maßnahme muss deshalb auch davon abhängen, wie und von wem sie durchgeführt wird und welche Folgen die Untersuchung für die A haben kann. Nur wenn sichergestellt ist, dass sie für A so schonend wie möglich durchgeführt wird, ist sie verhältnismäßig. Dazu gehört unter anderem, dass die Untersuchung durch eine Ärztin oder einen Arzt durchgeführt wird und dass eine Person des Vertrauens bei A sein darf. Unter diesen Bedingungen ist die Maßnahme der A zuzumuten, sie muss diese Einschränkung ihres Persönlichkeitsrechts im Interesse der Aufklärung der Straftat hinnehmen. Insgesamt ist die Maßnahme dann auch verhältnismäßig.

Die Voraussetzungen für die Anordnung der Untersuchung sind gegeben.

3.3. Anordnungskompetenz

Grundsätzlich wird die Untersuchung durch den Richter angeordnet, § 81c V StPO, bei *Gefährdung des Untersuchungserfolges* durch eine Verzögerung wegen Einholens der richterlichen Anordnung auch durch die *Staatsanwaltschaft und ihre Ermittlungspersonen*, § 81c V 2. HS StPO. Hier muss unverzüglich eine Untersuchung der A stattfinden, damit kein Beweismaterial verlorengeht. Die P darf die Untersuchung anordnen.

3.4. Form- und Durchführungsvorschriften

Soweit die Untersuchung nicht von einer Ärztin oder einem Arzt durchgeführt wird, muss sie durch eine Frau durchgeführt werden, *§ 81d StPO*, damit dem Schamgefühl der A Rechnung getragen werden kann.

Die Pflicht zur Duldung der Untersuchung beinhaltet grundsätzlich keine Mitwirkungspflicht. Die A muss sich allerdings zur Untersuchung einfinden, sich gegebenenfalls entkleiden und die erforderlichen Körperhaltungen einnehmen.

Wenn die A sich weigert, die Untersuchung zu dulden, kann der Richter *Zwangsmaßnahmen* anordnen. Das Gesetz sieht dabei außer in den Fällen der Gefahr im Verzug (§ 81c VI 3 StPO) zunächst die Festsetzung eines Ordnungsgeldes gem. § 70 StPO vor, § 81c VI 1 StPO. Hier liegt jedoch, wie oben mehrfach festgestellt, Gefahr im Verzug vor. Dann kann der *Richter* auch den *unmittelbaren Zwang* anordnen, § 81c VI 2, 3 StPO.

Art und Umfang des unmittelbaren Zwanges richten sich nach den Vorschriften der Polizeigesetze.

Dieser müsste jedoch auch *verhältnismäßig* sein.

Zwar ist, wie oben ausgeführt, die Untersuchung als solche auch dem Opfer einer Vergewaltigung zumutbar. Davon zu unterscheiden ist jedoch die Frage, mit welchen Mitteln eine solche Untersuchung durchgesetzt werden darf. Hier fällt neben dem Strafverfolgungsinteresse des Staates insbesondere die Art und Weise der Durchführung des unmittelbaren Zwanges ins Gewicht. Ein Opfer aktiv dazu zu zwingen, eine vaginale und anale Untersuchung ihres Körpers zuzulassen, indem es auf einem Untersuchungsstuhl oder Bett unter Umständen mit körperlicher Gewalt festgehalten wird, ist völlig anders zu beurteilen als die Frage, ob gegenüber einem solchen Opfer einer Gewalttat eine Untersuchungsanordnung ergehen darf. Das Vergewaltigungsopfer wird bei der Anwendung unmittelbaren Zwanges durch staatliche Organe ein zweites Mal traumatisiert, in gewisser Weise ähnelt es – wenn auch selbstverständlich nicht tatbestandsmäßig – einer zweiten Vergewaltigung. Hier sind staatlichem Handeln Grenzen gesetzt, bei Würdigung aller Umstände hat das Interesse des Staates an der lückenlosen Aufklärung der Straftat zurückzutreten. Ein solches Vorgehen ist nicht verhältnismäßig. Daher darf die Maßnahme nicht mit unmittelbarem Zwang durchgesetzt werden.

Fall 7:
Körperliche Untersuchung anderer Personen; hier: zeugnisverweigerungsberechtigtes kindliches Opfer, §§ 81c III, 52 II StPO

Sachverhalt

Die 7jährige Miriam lebt zusammen mit ihrer Mutter und dem zweiten Mann ihrer Mutter, der aber kein Sorgerecht für Miriam hat. Miriams Vater ist tot. Der Mutter ihrer besten Freundin, Frau M, fällt auf, dass Miriam in letzter Zeit oft verstört wirkt, dass sie verschlossen geworden ist, sich oft aus Spielen zurückzieht und Körperkontakt meidet. Außerdem beobachtet Frau M an Miriam häufig blaue Flecken. Eines Tages weigert sich Miriam, sich im Schwimmbad umzuziehen. Ein Nachfragen ergibt, dass sie sich nicht auskleiden will, weil sonst der Papa besonders böse wird. Frau M gelingt es dennoch, das Mädchen zum Umziehen zu bewegen. Entsetzt bemerkt sie Striemen am Rücken des Kindes und meint, auch Brandverletzungen im Unterarmbereich erkennen zu können. Sie teilt ihre Beobachtung Miriams Mutter mit, die Frau M daraufhin die Tür weist und nicht gesprächsbereit ist. Frau M erstattet nun Anzeige bei der Polizei. Die Polizeibeamtin P möchte Miriam amtsärztlich untersuchen lassen. Miriams Stiefvater und ihre Mutter verweigern die Zustimmung.

Kann Miriam dennoch körperlich untersucht werden?

Vorüberlegungen

Im vorliegenden Fall ist zum einen zu diskutieren, ob ein siebenjähriges Kind schon die Verstandesreife hat, über sein Zeugnisverweigerungsrecht und das Verweigerungsrecht über die körperliche Untersuchung zu entscheiden. Bei Verneinung dieser Frage muss problematisiert werden, wer über das Zeugnisverweigerungsrecht entscheiden darf: die allein sorgeberechtigte Mutter – § 1687b BGB, der die Mitentscheidung eines Ehegatten regelt, kommt hier nicht in Betracht, da es sich nicht um eine Angelegenheit des täglichen Lebens handelt – oder ein zu bestellender Ergänzungspfleger. Eng damit zusammen hängt die Frage, wer denn im vorliegenden Verfahren eigentlich als Beschuldigter angesehen werden muss.

Auf der einen Seite bietet die Rechtsstellung des Beschuldigten diesem mehr Rechte im Verfahren als einem Zeugen. Deshalb darf einem verdächtigen Zeugen der Beschuldigtenstatus auch nicht willkürlich vorenthalten werden. Auf der anderen Seite liegt hier die besondere Situation vor, dass einem beschuldigten Elternteil die Vertretung des Kindes in Fragen des Zeugnisverweigerungsrechtes dann nicht mehr zusteht, wenn das Kind Zeuge gegen die Eltern ist. Der Status des Beschuldigten bedeutet hier gleichzeitig eine Beschneidung der elterlichen Sorge. Hinzu kommt im vorliegenden Fall, dass das Kind mit einem Stiefelternteil zusammenlebt, der ohnehin zur Vertretung des Kindes nur in Angelegenheiten des täglichen Lebens oder bei Gefahr im Verzug befugt ist (§ 1687b BGB) und der sorgeberechtigten Mutter, die über das Zeugnisverweigerungsrecht insoweit entscheiden kann. Der Stiefvater ist jedenfalls Beschuldigter. Auf die Interessenkollision der Mutter, die zwischen Ehemann und Kind steht, nimmt das Gesetz keine Rücksicht. Insoweit privilegiert das Gesetz Eltern, die beide sorgeberechtigt für das Kind sind. Ist die Mutter aber selbst Beschuldigte im Verfahren, wird auf jeden Fall ein Ergänzungspfleger bestellt, der über das Zeugnisverweigerungsrecht und das Verweigerungsrecht der körperlichen Untersuchung entscheidet.

Miriam würde natürlich auch in einem Verfahren als Zeugin vernommen werden. Dabei stellen sich bezüglich ihres Zeugnisverweigerungsrechts die gleichen Fragen wie bei dem Verweigerungsrecht über die körperliche Untersuchung.

Gliederung

Rechtmäßigkeit der körperlichen Untersuchung gem. § 81c I, 3, 5 StPO

1. Anordnungsvoraussetzungen
   - Verdacht einer Straftat +
   - Betroffene ist unverdächtig +
   - spezielle Voraussetzungen
   - Zeugin +
   - Spuren am Körper +
   - Tatfolgen am Körper +
   - Notwendigkeit der Maßnahme +

- Verhältnismäßigkeit, insbesondere Zumutbarkeit +

2. Untersuchungsverweigerungsrecht gem. § 81c III StPO +
   - Belehrung +
   - Verstandesreife –
   - gesetzlicher Vertreter
3. Anordnungskompetenz beim Richter +
   - Verwertbarkeit nach Zustimmung des Pflegers +
4. Form- und Durchführungsvorschriften
   § 81d StPO +

Gutachten

Rechtmäßigkeit der körperlichen Untersuchung gem. §§ 81c I, 81c III, 81c V StPO

1. Anordnungsvoraussetzungen

Gem. § 81c I StPO dürfen andere Personen als der Beschuldigte dann untersucht werden, wenn sie als Zeugen in Betracht kommen und soweit zur Erforschung der Wahrheit festgestellt werden muss, ob sich an ihrem Körper eine bestimmte Spur oder Folge einer Straftat befindet.

Vorliegend besteht der *Verdacht* von Körperverletzungsdelikten, bzw. der Misshandlung Schutzbefohlener, §§ 223, 224, 225 StGB

Miriam könnte als *Zeugin* in einem gegen eine andere Person gerichteten Verfahren Wahrnehmungen über Tatsachen durch Aussagen kundtun. Sie könnte Angaben über Tatverlauf und Täter der an ihr möglicherweise verübten Körperverletzungen machen, die für ein Verfahren von Bedeutung wären.

Gleichzeitig könnten sich an ihrem Körper aber auch *Spuren* oder *Tatfolgen* befinden. Spuren i.S.d. § 81c StPO sind durch die Tat verursachte Veränderungen oder Merkmale am Körper des Opfers, aus denen Rückschlüsse auf die Tat, die Art und Weise ihrer Durchführung oder den Täter zu ziehen sind.

Eine Tatfolge ist dagegen eine objektive Veränderung am Körper des Opfers, ohne dass sich daraus Hinweise auf die Täterschaft einer bestimmten Person ergeben.

Bei Körperverletzungsdelikten oder bei einer Misshandlung Schutzbefohlener können sich sowohl Spuren (Hämatome, Brandverletzungen, Brüche, offene Wunden etc.) als auch Tatfolgen (Narben oder ähnliches) am Körper befinden.

Die Feststellung müsste auch *notwendig* sein. Andere gleichwertige Beweismittel dürfen nicht zur Verfügung stehen. Als anderes Beweismittel kämen hier höchstens die Aussagen von Miriam und Miriams Angehörigen sowie Frau M oder anderen Auskunftspersonen in Betracht. Aussagen sind jedoch stets subjektiv gefärbt, können auch später widerrufen oder geändert werden. Demgegenüber würden die bei einer Untersuchung festgestellten und dokumentierten Spuren oder Tatfolgen am Körper des Kindes ein alternatives Beweismittel darstellen. Die Feststellung ist also notwendig.

Die Untersuchung muss auch *verhältnismäßig*, insbesondere *zumutbar* sein. Die Untersuchung ist geeignet und erforderlich, um Spuren oder Tatfolgen am Körper festzustellen. Darüber hinaus ergibt eine Abwägung des Persönlichkeitsrechtes des Kindes gegen das allgemeine Interesse an der Aufklärung der Straftat, den Vorrang des staatlichen Interesses. Dies gilt umso mehr, als es hier auch darum geht, dem betroffenen Kind Recht zu verschaffen. Dem Interesse des Kindes, nicht in einem Verfahren gegen einen nahen Angehörigen zu dessen Überführung beitragen zu müssen, wird durch sein Untersuchungsverweigerungsrecht Rechnung getragen.

Die körperliche Untersuchung ist insgesamt verhältnismäßig.

2. Untersuchungsverweigerungsrecht gem. § 81c III StPO

Miriam könnte ein Untersuchungsverweigerungsrecht nach § 81c III StPO zustehen. Bezüglich ihrer Mutter steht ihr ein Zeugnisverweigerungsrecht zu, denn mit ihr ist sie in gerader Linie verwandt, § 52 I Nr. 3 StPO. Ihr Stiefvater ist mit ihr in gerader Linie verschwägert, auch hier steht ihr also ein Untersuchungsverweigerungsrecht zu, § 81c III, 52 I Nr. 3 StPO. Über dieses Recht ist sie vor jeder Untersuchung zu *belehren*.

Entscheiden kann sie allerdings nur dann über dieses Recht, wenn sie die Tragweite ihrer Entscheidung überblicken kann. Fraglich ist hier, ob sie aufgrund ihres Alters die notwendige *Verstandesreife* dazu hat. In Rechtsprechung und Lehre sind dazu keine einheitlichen Grundsätze entwickelt worden. Genügende Vorstellung von der Bedeutung des Verweigerungsrechts hat der, der zu erkennen vermag, dass die angehörige Person etwas Unrechtes getan haben könnte und ihr gegebenenfalls Strafe droht und dass das Ergebnis der Untersuchung unter Umständen zu einer solchen Bestrafung beitragen könnte.

Miriam ist 7 Jahre alt. In diesem Alter hat ein Kind zwar durchaus schon einen grundsätzlich in einem Verfahren zu beachtenden Willen, es verfügt auch schon über Kenntnisse, die es einen gewissen Zeitraum überblicken lassen oder Ursachen und Wirkung zu verknüpfen. Selbstverständlich hat ein Kind in diesem Alter auch schon Erfahrungen, die es ein Verhalten als missbilligenswert oder sozial angemessen beurteilen lassen. Ob ein siebenjähriges Kind allerdings überblicken kann, welche Wirkung seine Aussage bzw. die Zustimmung zu einer körperlichen Untersuchung in seiner Familie haben werden, welche innerfamiliären Veränderungen sich durch seine Bereitschaft, am Verfahren mitzuwirken möglicherweise einstellen werden, muss bezweifelt werden. Insoweit ist das Kind auch besonders schutzbedürftig. In der Regel wird das Kind auch keine Vorstellungen über die Wirkungen eines Strafprozesses haben. Im vorliegenden Fall muss daher auch der *gesetzliche Vertreter* des Kindes belehrt werden. Nur wenn dieser der Untersuchung zustimmt, kann das Kind untersucht werden.

Fraglich ist, wer das Kind in dieser Frage vertreten darf. Grundsätzlich ist die allein sorgeberechtigte Mutter gesetzliche Vertreterin ihres minderjährigen Kindes, §§ 1629, 1681 BGB. Sie dürfte ihr Kind in dieser Frage nur dann nicht vertreten, wenn sie entweder selbst Beschuldigte des Verfahrens wäre § 52 II 2 HS 1 StPO, oder wenn ihr Mann Beschuldigter des Verfahrens wäre und sie aufgrund des bestehenden Interessenskonfliktes analog § 52 II 2 HS 2 StPO insoweit von der Vertretung des Kindes ausgeschlossen wäre.

Fraglich ist zunächst, ob sie selbst Beschuldigte in dem Verfahren ist. Dann müssten zureichende tatsächliche Anhaltspunkte für den Verdacht einer Straftat gegen sie vorliegen. Die Beobachtungen von Frau M lassen eine Misshandlung Schutzbefohlener wahrscheinlich sein, die Bemerkung des Kindes weist auf den Stiefvater als Täter hin. Es ist allerdings wenig wahrscheinlich, dass Miriams Mutter von den Verletzungen ihres Kindes nichts bemerkt hat. Möglich ist hier neben einer aktiven Beteiligung an einer Körperverletzung auch eine Körperverletzung durch Unterlassen. Gegenüber ihrem Kind hat Miriams Mutter Garantenpflichten, sie muss Gefahren für seine körperliche Unversehrtheit, wenn möglich, von ihm abwenden. Ein hinreichender Tatverdacht für eine Körperverletzung durch Unterlassung liegt also vor. Damit ist Miriams Mutter Beschuldigte eines Strafverfahrens.

Auf die Frage der analogen Anwendung von § 52 II 2 HS 2 StPO kommt es nicht an.

Miriams Mutter kann gem. § 81c III 3 StPO Miriam in dieser Frage nicht vertreten.

Hier muss das Familiengericht auf Antrag des Strafrichters einen Ergänzungspfleger bestellen, § 1909 BGB. Der Ergänzungspfleger ist an die Feststellung zur fehlenden Verstandesreife des Kindes sowie zum Ausschluss des gesetzlichen Vertreters gebunden. Ihm obliegt nur die Entscheidung über das Zeugnisverweigerungsrecht. Stimmt er einer Untersuchung zu, ist diese Einwilligung für Miriam bindend.

Eine zur Beweissicherung erforderliche Untersuchung ist auch schon vor der Pflegerbestellung zulässig, wenn der Richter diese gem. § 81c V StPO anordnet. Fraglich ist, ob diese im vorliegenden Fall erforderlich ist. Verletzungsspuren heilen ab. Um Beweise im erforderlichen Umfang sichern zu können, sollte die Untersuchung möglichst zeitnah nach dem Eintritt der Verletzung stattfinden. Der Richter wird, um einem Beweismittelverlust vorzubeugen, die Untersuchung anordnen. Verwertet werden darf sie allerdings nur dann, wenn der Ergänzungspfleger seine Einwilligung erteilt, § 81c III 5 StPO.

Die Anordnungskompetenz über die körperliche Untersuchung liegt gem. § 81c V StPO beim Richter. Da dieser auch einen Beschluss gem. § 81c III 3 StPO treffen muss, entfällt insoweit die Möglichkeit einer Anordnung durch die Staatsanwaltschaft und ihrer Ermittlungspersonen. Eine Anordnung durch die Staatsanwaltschaft wäre nur dann zulässig, wenn ein Gericht nicht rechtzeitig und trotz entsprechender Kontaktierungsversuche erreichbar ist. Hier sind strenge Maßstäbe anzulegen.

§ 81d StPO ist zu beachten. Frau im Sinn des § 81d StPO ist jede Person weiblichen Geschlechts, die ein Gefühl für ihre Körperlichkeit und ihr Geschlecht hat. Die Altersgrenze liegt wird im Allgemeinen bei etwa 6 Jahren angenommen. Miriam hat also einen Anspruch darauf, dass die untersuchende Person Frau oder Arzt ist. Darüber hinaus ist eine andere Frau ihres Vertrauens oder ein Angehöriger zuzulassen.

Fall 8: Erkennungsdienstliche Behandlung zu Präventivzwecken, § 81b StPO

Sachverhalt[9]

Der 43- jährige Polizeibeamte PHM M wird beschuldigt, von seinem Dienstrechner aus über einen privaten Facebook-Account erotische Kontakte zu einem 13-jährigen Mädchen über sieben Monate hinweg unterhalten zu haben, bis der Vater des Mädchens schließlich den Chatverkehr entdeckte, unterband und der Polizei dokumentiert zur Anzeige brachte. PHM M hatte von dem Mädchen erotische Bilder gefordert und von sich selbst Bilder seines Gesichts und unbekleideten Oberkörpers verschickt.

Nach der Anklageerhebung soll PHM M, der bislang strafrechtlich noch nicht in Erscheinung getreten ist, umfassend erkennungsdienstlich behandelt werden. Es sollen zu den zunächst bereits angefertigten Porträtbildern und Bildern seines unbekleideten Oberkörpers zusätzlich Finger- und Handflächenabdrücke abgenommen und zugleich ein Ganzkörperporträt sowie ein 5-teiliges Bild seines gesamten unbekleideten Körpers von hinten und vorne inklusive seines Geschlechtsteiles gemacht werden.

1. Ist die Maßnahme materiell rechtmäßig?
2. Wer ist für ihre Anordnung zuständig und welche Formalien sind einzuhalten?

Abwandlung

Das Verfahren gegen M wird nach § 153a StPO unter der Auflage einer Teilnahme an einem Verhaltenskurs eingestellt. M hatte sich bislang geweigert, zu einem Termin zur erkennungsdienstlichen Behandlung zu erscheinen und Widerspruch gegen die Ladung eingelegt, der jedoch erst nach der Einstellung des Strafverfahrens negativ verbeschieden wurde.

---

9 Der Sachverhalt beruht auf einem Beschluss des VG Cottbus, 14.2.2018, VG 3 L 95/18; BeckRS 2018, 1457.

3. Ist die Durchführung der Maßnahme nach Abschluss des Strafverfahrens zulässig?

Vorüberlegungen

Rechtsgrundlage für erkennungsdienstliche Behandlungen ist § 81b StPO. § 81b StPO ist insoweit ein Sonderfall innerhalb der StPO, als er nicht nur repressiven Zwecken, sondern zugleich präventiven Zwecken dient. Beide Alternativen sind strikt zu unterscheiden und unterscheiden sich insbesondere auch hinsichtlich der formellen Zuständigkeit. Im Übrigen ist zu beachten, dass eine Vielzahl erkennungsdienstlicher Maßnahmen denkbar ist, es also „die" erkennungsdienstliche Behandlung im Sinne eines Standardprogrammes an Dokumentationsmaßnahmen nicht gibt, sondern auch die Zulässigkeit des Umfanges der erkennungsdienstlichen Dokumentationsmaßnahmen im Einzelfall zu bestimmen ist.

Erkennungsdienstliche Behandlungen beider Alternativen gehören zu den regelmäßig ergriffenen polizeilichen Maßnahmen im Ermittlungsverfahren.

Gliederung

1. Anordnungsvoraussetzungen
   - 1.1 Anfangsverdacht +
   - 1.2 Adressat der Maßnahme
   - 1.3 Zweck der Maßnahme
     - 1.3.1 Durchführung des Strafverfahrens –
     - 1.3.2 Zwecke des Erkennungsdienstes +
       - Prognose einer Wiederholungsgefahr
       - Zulässiger Umfang der Maßnahme
   - 1.4 Verhältnismäßigkeit +
2. Anordnungskompetenz +
3. Form- und Durchführungsvorschriften +
4. Zeitliche Zulässigkeit

Gutachten

1. Anordnungsvoraussetzungen

1.1 Anfangsverdacht einer Straftat

§ 81b StPO setzt wie der weit überwiegende Teil der Maßnahmen nach der StPO einen Anfangsverdacht einer Straftat im Sinne von § 152 II StPO voraus. Aufgrund der Anzeige des Vaters des Mädchens und des übermittelten Chatverlaufes besteht ein auf Tatsachen beruhender Verdacht des sexuellen Missbrauchs von Kinder nach §§ 176 IV Nr. 3b i.V.m. 184b I Nr. 3 StGB.

1.2 Adressat der Maßnahme

Adressat der Maßnahme kann allein der Beschuldigte sein. Gegen PHM M wird ermittelt. Er ist Beschuldigter. Dass er bislang strafrechtlich noch nicht Erscheinung getreten ist bzw. für ihn im Rahmen des Ermittlungsverfahrens als Beschuldigten die Unschuldsvermutung gilt, hindert die Maßnahme nicht. Der Begriff des Beschuldigten iSv § 81b 2. Alt. StPO ist nach ständiger Rechtsprechung weit zu verstehen. Er umfasst das gesamte Strafverfahren bis zu seinem Abschluss in Form einer Einstellung oder rechtskräftigen Freispruch oder Verurteilung. Erst nach Abschluss des Strafverfahrens ist die Anordnung einer derartigen Maßnahme unzulässig.

1.3 Zwecke der Maßnahme

§ 81b StPO unterscheidet zwei Alternativen.

1.3.1 Durchführung des Strafverfahrens

Für erkennungsdienstliche Maßnahmen nach der ersten Alternative müssen diese für die Zwecke der Durchführung des Strafverfahrens notwendig sein, das heißt, die Aufklärung des konkret vorliegenden Sachverhalts unterstützten können. Es liegen bereits Porträtbilder sowie Bilder des unbekleideten Oberkörpers von M vor. Die geplanten weiteren Aufnahmen sind zu einem Abgleich mit den Bildern aus dem Chatverlauf und damit zur Identifizierung des Beschuldigten nicht erforderlich, da der Chatverlauf selbst nur Porträt- und Oberkörperbilder enthält. Mangels derartiger Spuren sind auch Finger- oder Handflächenabdrücke nicht notwendig. Die erste Alternative ist daher nicht einschlägig.

1.3.2 Zwecke des Erkennungsdienstes

In Betracht kommt jedoch die Zulässigkeit der geplanten weitergehenden Dokumentation zu Zwecken des Erkennungsdienstes. Dies setzt erstens voraus, dass der vorliegende Sachverhalt nach kriminalistischer Erfahrung Anhaltspunkte für die Annahme liefert, dass der Beschuldigte Verdächtiger künftig aufzuklärender Straftaten sein wird, und zweitens, dass die konkreten erkennungsdienstlichen Maßnahmen zur Förderung der dann notwendigen Ermittlungen geeignet erscheinen.

1.3.2.1 Die zu prognostizierende *Wiederholungswahrscheinlichkeit* richtet sich nach der Art, der Schwere und der Begehungsweise der Anlasstat und der Persönlichkeit des Beschuldigten. Sexualdelikte sind oftmals Ausdruck einer besonderen Veranlagung und Neigung, so dass statistisch gesehen eine signifikant höhere Rückfallgefahr besteht und somit bereits eine erstmalige Begehung eine Wiederholungsgefahr begründen kann. Insoweit ist es unschädlich, dass M bislang strafrechtlich nicht in Erscheinung getreten ist. Dass M für die Anlasstat über Monate seinen Dienstrechner nutzte, zeigt seine Beharrlichkeit und hohe Risikobereitschaft und unterstreicht die Annahme einer Neigung zu Wiederholungstaten.

1.3.2.2 Finger- und Handflächenabdrücke können zukünftigen Ermittlungen dienlich sein, wenn etwa in Frage steht, wer einen Computer, Datenträger, wie etwa USB-Sticks, CD-ROM etc. tatsächlich genutzt hat. Die Erfassung des gesamten unbekleideten Körpers in fünf Teilen sowie ein Porträt des gesamten Körpers können ebenfalls der Aufklärung eines zukünftigen Verfahrens wegen eines Sexualdeliktes dienen, wenn es darum geht, den Beschuldigten als Verdächtigen zu identifizieren, aber auch als Täter auszuschließen und zu entlasten. Dies gilt insbesondere deshalb, weil die Anlasstat im Internet mittels Austausches von Bildern begangen wurde, so dass weitere Taten mittels Bilder, die dann nicht mehr nur auf den Oberkörper beschränkt sind, sondern gerade auch die Geschlechtsteile umfassen, bei derartigen Delikten üblich und wahrscheinlich sind.

Zur Identifizierung taugen dabei insbesondere auch Aufnahmen von eventuellen Narben und Tattoos, die bei einer fünfteiligen Aufnahme des unbekleideten Körpers ausreichend detailliert sind. Eine absolut eindeutige Identifizierung anhand der Geschlechtsteile ist zwar nicht möglich, männliche Geschlechtsteile weisen aber ausreichende Unterschiede nach Größe, Farbe, Gestalt, Muttermalen, Tattoos etc. auf. Über diese ist gegebenenfalls jedenfalls der Kreis der Verdächtigen weiter einzuschränken, so dass ihre Dokumentation dienlich sein kann.

1.4 Verhältnismäßigkeit

Hier steht eine Maßnahme im Raum, die den Beschuldigten nicht in seiner körperlichen Integrität betrifft, aber dennoch schwer in sein allgemeines Persönlichkeitsrecht und Recht auf informationelle Selbstbestimmung aus Art 2 I i.V.m. Art. 1 I GG eingreift, da er sich auch im Intimbereich nackt fotografieren lassen muss und diese Bilder gespeichert werden. Auch wenn damit der Intimbereich betroffen ist, ist dies kein unzulässiger Eingriff in die Intimsphäre als Kernbereich. Denn der Kernbereichsschutz ist nicht so zu verstehen, dass damit gleichsam die Geschlechtsteile als solches „unantastbar" wären. Wie oben bereits ausgeführt, ist der Umfang der Maßnahmen beschränkt und als solches für die Aufklärung möglicher weiterer Taten notwendig und auch geeignet. Im Gegensatz dazu steht das Interesse an der Aufklärung von Straftaten gegen die sexuelle Selbstbestimmung und insbesondere von Kindern im Raum. Derartige Taten wiegen schwer und durch sie drohen massive Entwicklungsschäden bei den betroffenen Kindern. Insofern erscheint die Maßnahme auch im Einzelfall verhältnismäßig.

2. Anordnungskompetenz

Die Anordnung der Maßnahme nach der 2. Alternative fällt in den Zuständigkeitsbereich der Polizeibehörden. Sie ist nicht Aufgabe der Staatsanwaltschaft.

3. Form- und Durchführungsvorschriften

Die Anordnung der erkennungsdienstlichen Behandlung ist ein belastender Verwaltungsakt, vor dessen Erlass der Betroffene gemäß

§ 28 I VwVfG anzuhören ist. Eine Ausnahme nach § 28 II VwVfG ist nicht ersichtlich.

4. Zeitliche Zulässigkeit

Mit der Einstellung des Verfahrens verliert M seine Eigenschaft als Beschuldigter. Nach herrschender Meinung kommt es jedoch für die Beurteilung der Zulässigkeit einer (vollzogenen) Maßnahme auf das Vorliegen der materiellen Voraussetzungen zum Zeitpunkt der Anordnung der Maßnahme an. Die Maßnahme wurde während des Strafverfahrens angeordnet, während dessen M jedenfalls noch Beschuldigter war.

Für die Beurteilung der Notwendigkeit einer wie hier noch nicht vollzogenen Maßnahme ist jedoch auf den Zeitpunkt der letzten Sachentscheidung und damit auf den Zeitpunkt der Widerspruchsentscheidung bzw. einer etwaigen gerichtlichen Entscheidung abzustellen. Somit setzt die Durchführung der Maßnahme voraus, dass diese auch noch in diesem Zeitpunkt als notwendig zu beurteilen ist. Eine Einstellung nach § 153a StPO erfolgt dann, wenn die Schwere der Schuld und das öffentliche Interesse an der Strafverfolgung einer Einstellung nicht entgegenstehen, sie ist nicht mit einem Freispruch gleichzusetzen. Da sich demzufolge nichts an der Prognose geändert hat, ist die Durchführung weiterhin zulässig.

Fall 9: Beschlagnahme, §§ 94, 98 StPO und 111b StPO

Sachverhalt[10]

M und F halten sich am Samstagabend auf dem Akademiehof in Ludwigsburg auf. Wegen ohrenbetäubender, lauter Musik werden sie gegen ca. 23:00 Uhr von den Streifenbeamten P und R aufgefordert, ihre Musik leiser zu stellen. Dieser Aufforderung kommen sie nicht nach, sodass die Beamten sie anweisen, die Musik endgültig auszustellen.

M weigert sich energisch, wirft den Beamten Willkür vor und versucht die beiden einzuschüchtern. Weil diese sich nicht beeindrucken lassen, beginnt er die Maßnahme mit seinem Handy zu filmen und kündigt eine Veröffentlichung im Internet an. Hierauf nimmt R ihm das Handy ab.

M ist überhaupt nicht einverstanden. R erklärt ihm sogleich die Beschlagnahme des Geräts mit dem Hinweis, es wird „eingezogen“.

Zu Recht?

Vorüberlegungen

Das Mobiltelefon, Smartphone oder „Handy“ ist mittlerweile zum ständigen Begleiter des Menschen geworden. Auch bei der Straftatenbegehung findet es zunehmend seinen Einsatz. Umgekehrt tut es Beschuldigten fast schon weh, darauf verzichten zu müssen. Das kann in zweierlei Hinsicht erreicht werden: durch Beschlagnahme als verfahrensbedeutsames Beweismittel und durch Beschlagnahme zur Einziehung. Gemeinsamkeiten und Unterschiede beider Eingriffsmaßnahmen sollten jedem Polizeibeamten geläufig sein und in entsprechenden Situationen auch rechtskonform angewendet werden.

---

10 Der Sachverhalt ist einer Pressemitteilung der Polizei Ludwigsburg vom 10.9.2018 angelehnt („POL-LB: ... und 28-jähriger leistet Widerstand auf dem Akademiehof“).

Gliederung

1. Rechtmäßigkeit einer beweissichernden Beschlagnahme gem. §§ 94 II, 98 StPO
   1.1 Anordnungsvoraussetzungen
      - Verdacht einer Straftat +
      - Gegenstand als Beweismittel von Bedeutung +
      - Inverwahrungnahme durch Beschlagnahme +
      - Verhältnismäßigkeit +
      - kein Beschlagnahmeverbot gem. § 97 StPO +
   1.2 Anordnungskompetenz gem. § 98 StPO
      - hier: Staatsanwaltschaft und ihre Ermittlungspersonen +
      - Gefahr im Verzug +
   1.3 Form- und Durchführungsvorschriften
      - Bekanntgabe der Maßnahme +
      - §§ 98 II 2, 5 StPO, §§ 107 S. 2 und 109 StPO +
2. Rechtmäßigkeit einer Beschlagnahme zur Einziehung gem. § 111b I StPO

   Rechtmäßigkeit der Maßnahme gem. § 81c I StPO
   2.1. Anordnungsvoraussetzungen
      - Verdacht einer Straftat +
      - tatnotwendiges Mittel gem. § 201 V StGB +
   2.2. Anordnungskompetenz gem. § 111j StPO
      - hier: Staatsanwaltschaft und ihre Ermittlungspersonen gem. § 111j I 2 StPO +
      - Gefahr im Verzug +
   3.4. Form- und Durchführungsvorschriften
      - Bekanntgabe der Maßnahme +
      - §§ 111j II 3, 111b II StPO i.V.m. §§ 98 II 5, 107 und 109 StPO +

Gutachten

1. Rechtmäßigkeit einer beweissichernden Beschlagnahme gem. §§ 94 II, 98 StPO

Es könnte sich zunächst um eine Beschlagnahme des Handys zu Beweiszwecken handeln. Die Voraussetzungen sind in §§ 94 II, 98 StPO geregelt.

1.1 Anordnungsvoraussetzungen

Grundlegende Voraussetzung ist ein *Anfangsverdacht*, d. h. zureichende tatsächliche Anhaltspunkte für eine verfolgbare Straftat (§ 152 II StPO). Dies kann mit der Beschlagnahme nach § 94 II StPO beginnen, zur reinen Ausforschung ist sie aber unzulässig.

Infrage kommt ein Verdacht nach § 33 KunstUrhG, soweit Polizeibeamte bei der Vornahme von Diensthandlungen gefilmt werden. Strafbar ist danach, das Bildnis einer Person zu verbreiten oder zu veröffentlichen, wenn nicht eine Ausnahme nach § 22 KunstUrhG (Einverständnis des Aufgenommenen) oder nach § 23 KunstUrhG (bspw. bei Personen der Zeitgeschichte oder wenn diese nur „Beiwerk" zum eigentlichen Fotomotiv sind) einschlägig ist. Zwar mag vorliegend die Gefahr der Verbreitung durch die Aufnahme des M auf seinem Smartphone bestehen, wie er es auch angekündigt hat. Allerdings fehlt es in § 33 KunstUrhG an einer Versuchsstrafbarkeit, so dass ein Anfangsverdacht hierfür (noch) ausscheidet.

Der Anfangsverdacht könnte jedoch auf § 201 I Nr. 1 StGB gestützt sein. Mit der Aufforderung, die Musik leiser zu stellen, haben beide Beamte sich ausschließlich an M gewandt, mithin einen klar abgegrenzten Personenkreis angesprochen, was für die Tatbestandsvoraussetzung „das nicht öffentlich gesprochene Wort" gem. § 201 StGB genügt. Die Vorschrift erfasst ganz nebenbei nicht nur altmodische Diktiergeräte, sondern auch moderne Smartphones, soweit darauf neben Bild- eben auch Tonaufnahmen angefertigt werden. M stellt nach dem Sachverhalt derartige Filmaufnahmen her, so dass zureichende Anhaltspunkte für die „unbefugte Aufnahme des nicht öffentlich gesprochenen Wortes eines anderen auf einen Tonträger" für P und R gegeben sind, mithin ein Anfangsverdacht einer Tat gem. § 201 I Nr. 1 StGB vorliegt.

Das Smartphone müsste sodann als *Beweismittel* dienlich sein.

Potentielle Beweisbedeutung haben insbesondere Tatwerkzeuge, sodass das bei der Tat verwendete Handy, welches sich im Gewahrsam des M befindet, für den Tatnachweis bzw. für die Entlastung des M zielführend ist und somit ganz maßgebliche Beweisbedeutung hat.

Die Beschlagnahme gemäß § 94 II StPO ist nötig, wenn der Gegenstand nicht freiwillig herausgegeben wird. M ist nicht einverstanden mit der „Wegnahme" seines Gerätes, sodass es auch des förmlich notwendigen Inverwahrungnahmeaktes bedarf.

Die Beschlagnahme muss *in angemessenem Verhältnis* zur Schwere der Tat und zur Stärke des Tatverdachts stehen und für die Ermittlungen notwendig sein, woran es vorliegend keine ernsthaften Zweifel gibt.

Schließlich bestehen keine Anhaltspunkte für ein *Beschlagnahmeverbot nach § 97 StPO*.

Die Anordnungsvoraussetzungen zur beweismittelsichernden Beschlagnahme sind gegeben.

1.2 Anordnungskompetenz

Die Verfahrensregelungen über die Anordnung der Beschlagnahme finden sich in § 98 StPO. Beschlagnahmungen werden grundsätzlich durch das Gericht angeordnet, bei Gefahr im Verzug auch durch die Staatsanwaltschaft und ihre Ermittlungspersonen (§ 152 GVG). Gefahr im Verzug besteht, wenn die richterliche (und aus Sicht der Polizei zumindest die staatsanwaltschaftliche) Anordnung nicht eingeholt werden kann, ohne dass der Zweck der Maßnahme gefährdet wird. Vorliegend kündigt M bereits anlässlich des Filmvorgangs die Veröffentlichung der Aufnahmen auf seinem Smartphone an. Dies ist heutzutage mit wenigen Eingabemodalitäten direkt auf den in aller Regel internetfähigen Handys möglich, sodass die Einholung einer Anordnung den Zweck der Beweismittelsicherung und zugleich auch Unterbindung dieser und weiterer Straftatenbegehung (vgl. § 33 KunstUrhG) gefährdet. R war danach sogleich zur Anordnung der Beschlagnahme befugt.

1.3 Form- und Durchführungsvorschriften

Nach dem Sachverhalt ist die inhaltliche Bekanntgabe der Maßnahme – auch wenn sie nicht namentlich als ‚Beschlagnahme' erwähnt, so doch aber der staatliche Zugriff auf den Gegenstand zum Ausdruck gebracht wird – an den Beschuldigten M erfolgt. Auch von der Einhaltung der weiter zu beachtenden Regelungen wie bspw. §§ 98 II 2, 5 StPO, §§ 107 S. 2 und 109 StPO ist mangels gegenteiliger Angaben auszugehen.

Die zunächst beweissichernde Maßnahme des Handys gem. §§ 94 II, 98 StPO war rechtmäßig.

2. Rechtmäßigkeit einer Beschlagnahme zur Einziehung gem. § 111b I StPO

Fraglich ist, ob darüber hinaus – und zwar wie von R angedeutet – eine Beschlagnahme des Handys als Einziehungsgegenstand gemäß § 111b I StPO erfolgen kann.

2.1. Anordnungsvoraussetzungen

Die Beschlagnahme nach § 111b I StPO steht eigenständig neben der in § 94 StPO geregelten Beschlagnahme von Beweismitteln.

Die Anordnung der Maßnahme setzt zunächst einen *Anfangsverdacht* im Sinne des § 152 II StPO und eine gewisse Wahrscheinlichkeit dafür voraus, dass der zu beschlagnahmende Gegenstand der Einziehung oder der Unbrauchbarmachung unterliegt. Dazu zählen Taterträge, Tatmittel, Tatprodukte und Tatobjekte. Liegt – wie hier – der Verdacht einer Straftat gemäß § 201 StGB vor, dessen Vorschrift vielmehr eine eigenständige gesetzliche Einziehungsanordnung enthält (vgl. § 201 V StGB), so handelt es sich sogar um sog. *tatnotwendige Mittel* und mithin Beziehungsgegenstände, die von den erwähnten Tatmitteln gem. §§ 74 ff. StGB zu unterscheiden sind. Insoweit bedarf es nämlich nicht der weitergehenden Anordnungsvoraussetzungen einer etwaigen Eigentumsbeziehung des Betroffenen zum Gegenstand und den Verhältnismäßigkeitsanforderungen gem. § 74f StGB, die maßgeblich für das Gericht bei der Einziehungsentscheidung zu beachten ist.

Die Anordnungsvoraussetzungen gem. § 201 V StGB liegen vor.

2.2. Anordnungskompetenz

Das Verfahren bei der Anordnung der Beschlagnahme zur Einziehung ist – ähnlich den Anordnungsregelungen in § 98 StPO – in § 111j StPO geregelt. Danach werden Beschlagnahmungen grundsätzlich durch das Gericht, bei Gefahr im Verzug durch die Staatsanwaltschaft und hierbei in den Fällen der Beschlagnahme einer beweglichen Sache auch durch die Ermittlungspersonen der Staatsanwaltschaft angeordnet. Die bestehende ‚Gefahr im Verzug' ist bereits für den vorliegenden Fall bejaht worden, für die Beschlagnahme zur Einziehung kann nichts anderes gelten. Eine vorherige

Einholung einer richterlichen oder staatsanwaltschaftlichen Anordnung lässt besorgen, dass der Zweck der Beschlagnahme ggf. durch Unbrauchbarmachung des Handys gefährdet wird. Auch hier war R direkt zur Beschlagnahmeanordnung befugt.

2.3. Form- und Durchführungsvorschriften

Die Maßnahme war gegenüber dem Betroffenen R bekannt gegeben worden. Gemäß §§ 111j II 3, 111b II StPO gelten die Vorschriften der §§ 98 II 5, 107 und 109 StPO entsprechend und sind – wie oben – mangels gegenteiliger Angaben als gewahrt anzusehen.

Die Beschlagnahme des Handys des M als Einziehungsgegenstand durch R war danach ebenfalls rechtmäßig.

Fall 10:
Abgrenzung, Sicherstellung und Beschlagnahme bei „freiwilliger“ Zustimmung, §§ 94, 98 StPO

Sachverhalt

A wird eines Betruges mit einem Schaden von € 30.000 beschuldigt. Die angezeigte Tat liegt vier Wochen zurück. Sein Aufenthaltsort ist aktuell nicht bekannt. Sein Bruder, B, steht im Verdacht, den Betrug mittels einer von ihm ausgestellten falschen Bestätigungsschreiben unterstützt zu haben, das der Polizei vom Geschädigten übergeben worden ist. B wird zu diesem Vorwurf als Beschuldigter zu einer polizeilichen Vernehmung geladen und erscheint. Er wird nach § 136 i.V.m. § 163a IV StPO belehrt und macht auch nach Vorlage seines Bestätigungsschreibens keine Angaben zur Betrugstat. Im Übrigen gibt er an, nicht zu wissen, wo A sich zur Zeit aufhalte. Er habe schon seit Wochen keinen Kontakt mehr zu A.

Der vernehmende Polizeibeamte glaubt B nicht und bittet ihn um sein Handy, das B mit seiner Schachtel Zigaretten und seinem Schlüssel neben sich gelegt hat, damit er kontrollieren könne, ob er wirklich mit A seit Langem keinen Kontakt mehr gehabt habe. B will von dem Polizeibeamten wissen, ob er das müsse, und erhält von diesem die Auskunft, es sei Bs eigene Entscheidung, wie viel „Aufstand er machen wolle“, aber man werde sich die Daten vom Handy so oder so holen. B übergibt daraufhin das Handy samt PIN.

Auf welchem Weg und welche Daten hätten auch gegen den ausdrücklich erklärten Willen des B erhoben werden können?

Vorüberlegung

Nahezu jedermann nutzt heute ein Handy. Auf dem Handy ist in der Regel eine Flut von Daten gespeichert, die für alle möglichen Ermittlungen relevant sein können. Demzufolge spielen ihre Sicherstellung bzw. Beschlagnahme im Zuge polizeilicher Ermittlungen eine große Rolle.

Oftmals wird der erste Versuch der Polizeibeamten dahin gehen, eine freiwillige Herausgabe zu erreichen. Der dahingehenden Bitte wird aber wohl nicht immer nachgekommen werden, so dass sich im nächsten Schritt die Frage stellt, ob und wie die Daten auch gegen den Willen des jeweiligen Inhabers erlangt werden können.

Die Durchsicht ist das Mittel zur Prüfung der Frage, welche Papiere bzw. Daten im Sinne des § 110 StPO für die Beweisgewinnung sicherzustellen sind, beziehungsweise welche Papiere die umgehende Rückgabe notwendig machen. Sehr häufig sind es die durchsuchenden Polizeibeamten selbst, die die Grobsichtung an Ort und Stelle vornehmen, um diese Frage zu klären. Hierbei wird aber häufig übersehen, dass diese ohne Genehmigung des Inhabers nicht zu dieser Maßnahme befugt sind. Im Interesse an der Geheimhaltung des gedanklichen Inhalts der Papiere bzw. Daten verbietet § 110 StPO eine Durchsicht durch die Polizeibeamten ohne Genehmigung des Inhabers.

Gliederung

1. Abgrenzung zu Maßnahmen der Telekommunikationsüberwachung / Durchsuchung
2. Anordnungsvoraussetzungen der Beschlagnahme
   - 2.1 Anfangsverdacht einer Straftat +
   - 2.2 Gegenstände mit Beweisbedeutung +
   - 2.3 Adressat der Maßnahme +
   - 2.4 Beschlagnahmeerfordernis +
   - 2.5 Beschlagnahmeverbot nach § 97 StPO –
   - 2.6 Umfang der Beschlagnahme und Verhältnismäßigkeit +
3. Anordnungskompetenz der Beschlagnahme
   - – Gefahr in Verzug +
   - – richterliche Bestätigung der Beschlagnahme +
4. Form- und Durchführungsvorschriften
   - 4.1 § 110 StPO +
   - 4.2 Weitere Form- und Durchführungsvorschriften +
5. Erlangung der PIN
   - 5.1 Anordnungsvoraussetzungen +
   - 5.2 Anordnungskompetenz +

Gutachten

1. Abgrenzung zu Maßnahmen der Telekommunikationsüberwachung/Durchsuchung

1.1 Von Interesse sind hier auf dem Handy gespeicherte Telekommunikationsdaten, nämlich eingehende oder ausgehende Anrufe bzw. SMS- oder WhatsApp-Nachrichten zwischen A und B. Da diese Daten auf dem Handy selbst liegen und es damit in der Hand des Inhabers alleine liegt, diese Daten vorrätig zu halten oder auch zu löschen, richtet sich ihre Beschlagnahme nach inzwischen gefestigter Rechtsprechung nach §§ 94, 98 StPO und nicht nach den nur unter engeren Voraussetzungen möglichen §§ 100a und 100g StPO.

1.2 Da das Handy auf dem Tisch lag, bedurfte es keiner vorherigen Suche danach, so dass es keiner Durchsuchung der Person oder der Sachen des B nach § 102 StPO bedurfte.

2. Anordnungsvoraussetzungen der Beschlagnahme

2.1 Anfangsverdacht einer Straftat

§ 94 StPO setzt wie der weit überwiegende Teil der Maßnahmen nach der StPO einen Anfangsverdacht einer Straftat im Sinne von § 152 II StPO voraus. Aufgrund der Anzeige und des ausgehändigten Bestätigungsschreibens besteht ein auf Tatsachen beruhender Verdacht des Betrugs gemäß § 263 StGB.

2.2 Gegenstand mit Bedeutung für die Untersuchung

Gemäß § 94 StPO können Gegenstände mit Bedeutung für den Gegenstand der Untersuchung sichergestellt werden. Gegenstände sind vor allem auch körperliche Gegenstände. Das Handy ist ein körperlicher Gegenstand, jedoch als solches nur der Datenträger. Der Gegenstandsbegriff des § 94 StPO setzt jedoch eine Körperlichkeit nicht voraus. Gegenstand kann vielmehr alles sein, was einen Beweiswert hat und für die Untersuchung von Bedeutung sein kann. Damit sind Gegenstände im Sinne von § 94 StPO insbesondere auch die auf diesen Datenträger gespeicherten Daten.

Diese Gegenstände müssen Bedeutung für die Untersuchung haben und damit für die Sachverhaltsaufklärung relevant sein können. Die Frage des Obs und des Inhalts einer Kommunikation zwischen B und A kann Aufschluss über die Tat und die Tatbeteiligten geben. Zugleich kann sie der Ermittlung des Aufenthaltsortes von A und damit der Sachverhaltsaufklärung insgesamt dienen.

2.3 *Adressat der Maßnahme*

Adressat der Maßnahme ist der jeweilige Gewahrsamsinhaber des Gegenstandes. Die Maßnahme ist nicht davon abhängig, dass der Gewahrsamsinhaber Beschuldigter oder Zeuge im Verfahren ist.

2.4 *Beschlagnahmeerfordernis*

Das Handy bzw. die darauf befindlichen Daten als Beweismittel sind sicherzustellen. Sicherstellung ist dabei der Oberbegriff für die Begründung eines staatlichen Gewahrsams mit oder auch gegen den Willen des jeweiligen Gewahrsamsinhabers. Sofern der Gewahrsamsinhaber mit der Sicherstellung einverstanden ist, kann sie formlos erfolgen. Andernfalls muss sie förmlich erfolgen. Die förmliche Sicherstellung wird als Beschlagnahme bezeichnet und ist in § 98 StPO geregelt. Wenn B die freiwillige Herausgabe verweigert hätte, wäre das Handy als Datenträger nach § 98 I StPO zu beschlagnahmen gewesen.

2.5 *Beschlagnahmeverbot nach § 97 StPO*

Hier sollen „schriftliche Mitteilungen“, nämlich SMS und WhatsApp Nachrichten zwischen B und seinem Bruder A beschlagnahmt werden. Schriftliche Mitteilungen können nicht nur in Papierform vorliegen, sondern auch in Datenform. Vgl. § 11 III StGB. Die Nachrichten sind daher Mitteilungen zwischen dem Beschuldigten und seinem Angehörigen. Demzufolge besteht für die Daten auf dem Handy, die eine schriftliche Äußerung beinhalten, ein Beschlagnahmeverbot nach § 97 I Nr. 1 i.V.m. § 52 I Nr. 3 StPO. Der bloße Verlauf der Anrufe fällt dagegen nicht unter § 97 StPO, da diese keine schriftliche Äußerung beinhaltet.

Die schriftlichen Mitteilungen befinden sich im Gewahrsam des B und damit des Angehörigen. Allerdings steht B selbst im Verdacht, an der Tat beteiligt gewesen zu sein, so dass das Verbot nach § 97 II 2 StPO nicht greift.

2.6 Umfang der Beschlagnahme und Verhältnismäßigkeit

Die Beschlagnahme muss verhältnismäßig sein. Sie darf sich nicht auf Kontakte und Mitteilungen zu anderen Personen, sondern nur auf die Kontakte zwischen B und A und im Übrigen auf den Zeitraum, der von dem Tatvorwurf erfasst ist, und damit auf die letzten vier Wochen, erstrecken. Inhaltliche Mitteilungen sind nur dann erfasst, wenn sie einen Bezug zur Tat aufweisen. Sofern sie offensichtlich ohne Bezug zur Tat sind, unterliegen sie nicht der Beschlagnahme. Im Übrigen ist das Handy als Datenträger herauszugeben, sobald die Daten als solches sichergestellt sind.

3. Anordnungskompetenz der Beschlagnahme

Gemäß § 98 I StPO ist für die Beschlagnahme grundsätzlich ein richterlicher Beschluss notwendig.

Bei Gefahr in Verzug kann die Maßnahme jedoch auch von der Staatsanwaltschaft bzw. den Polizeibeamten als ihren Ermittlungsbeamten angeordnet werden. Gefahr in Verzug liegt vor, wenn der Erfolg der Maßnahme gefährdet bzw. vereitelt wäre, wenn mit ihrer Durchführung bis zum Eingang einer richterlichen Entscheidung abgewartet würde. Da der Polizeibeamte offen angesprochen hat, dass ihn die auf dem Handy gespeicherte Kommunikation zwischen A und B interessiert und B die Auskunft darüber verweigerte, ist zu befürchten, dass B die Zeit, in der der Polizeibeamte einen Richter kontaktieren und das Handy in dieser Zeit dem B belassen würde, die Daten löscht. Daher ist Gefahr in Verzug zu bejahen.

Gemäß § 98 II 1 StPO haben die Polizeibeamten binnen 3 Tagen die richterliche Bestätigung der Daten zu beantragen, wenn der Gewahrsamsinhaber der Beschlagnahme ausdrücklich widerspricht.

4. Form- und Durchführungsvorschriften

4.1 § 110 StPO

Hier müssen zu beschlagnahmende Daten von beschlagnahmefreien Daten getrennt werden, die miteinander auf einem Datenträger liegen. Für diese Durchsicht, die der Beschlagnahme vorgelagert ist, ist § 110 I StPO zu beachten. § 110 StPO gilt seinem Wortlaut nach zunächst für die Durchsicht von Papieren. Sinn und Zweck des § 110 StPO ist der Schutz gedanklicher Inhalte. Wie sich aus diesem Zweck, aber auch der amtlichen Überschrift des § 110 StPO ergibt, gilt er auch für elektronische Daten.

Die Durchsicht steht nach § 110 I StPO nur der Staatsanwaltschaft zu. Sie kann jedoch durch Polizeibeamte als Ermittlungspersonen erfolgen, wenn dies von der Staatsanwaltschaft angeordnet wird. Die Durchsicht durch Polizeibeamte ist nach § 110 II StPO auch möglich, wenn der Betroffene einwilligen sollte.

4.2 Weitere Form- und Durchführungsvorschriften

Die Beschlagnahmeanordnung kann mündlich ergehen. Der Polizeibeamte hat B gemäß § 98 II 5 StPO darüber zu belehren, dass er selbst binnen drei Tagen eine richterliche Bestätigung der Beschlagnahme beantragen kann. Im Übrigen hat er B eine Bestätigung nach § 107 S. 2 StPO über die Beschlagnahme auszuhändigen, sofern er eine solche verlangen sollte, und ein Verzeichnis nach § 109 StPO anzulegen.

5. Erlangung der PIN

5.1 Anordnungsvoraussetzungen

Die Abfrage der für die Sichtung und nachfolgende Beschlagnahme der auf dem Handy liegenden Daten erforderlichen PIN richtet sich nach § 100j I 2 StPO.

Die gespeicherten Daten zu Verbindungen bzw. die Mitteilungen sind für die Erforschung des Aufenthalts des A bzw. des Sachverhalts erforderlich.

Wie die vorangegangene Prüfung zeigt, ist ihre Nutzung gemäß §§ 94, 98 StPO gesetzlich gestattet. Demzufolge kann vom Telekommunikationsanbieter Auskunft über die Zugangsdaten verlangt werden, da mittels dieser Zugangsdaten die Daten auf dem Endgerät „Handy" geschützt sind und diese für den Zugriff erforderlich sind. Von § 100 I 2 StPO erfasst ist nicht nur die persönlich abänderbare PIN, sondern auch die sogenannte Super-PIN oder PUK, mit der nach mehrmalig falscher Eingabe der PIN die SIM-Karte eines Gerätes wieder freigeschaltet werden kann.

5.2 Anordnungskompetenz

Gemäß 100j III 1 StPO unterliegt die Abfrage der Zugangsdaten grundsätzlich dem Richtervorbehalt. Nach § 100j III 2 StPO kann jedoch bei Gefahr in Verzug die Anordnung auch durch die Staatsanwaltschaft oder ihre Ermittlungspersonen erfolgen.

Gefahr in Verzug liegt, wie oben bereits ausgeführt, vor, wenn der Erfolg der Maßnahme gefährdet bzw. vereitelt wäre, wenn mit ihrer Durchführung bis zum Eingang einer richterlichen Entscheidung abgewartet würde.

Die auf dem Handy bzw. der SIM-Karte liegenden Daten können einem Zugriff und damit einer zu befürchtenden Löschung eines externen Zugriffs entzogen werden, in dem das Handy einstweilen ausgeschaltet wird. Ein Datenverlust bis zur Einholung eines richterlichen Beschlusses ist damit nicht zu befürchten.

Da hier der Beschuldigte der Beschlagnahme ausdrücklich widersprochen hat, ist eine richterliche Bestätigung der Beschlagnahmeanordnung einzuholen und kann diese mit dem Antrag auf Zustimmung zur Abfrage der Zugangsdaten angefordert werden.

Für die Annahme der Ausnahme nach § 100j III 4 StPO ist kein Raum.

Fall 11: Beweissichernde Beschlagnahme; hier: Beschlagnahmeverbot, §§ 94, 97 StPO

Sachverhalt[11]

Gegen den Ingenieur R wird seit Juni des Jahres wegen des Verdachts des Betruges bzw. der Beihilfe zum Betrug ermittelt. Im August erlässt das Amtsgericht auf Antrag der Staatsanwaltschaft einen Durchsuchungsbeschluss, mit dem die Durchsuchung seiner Wohnung inklusive der Nebenräume und der Fahrzeuge des R nach einzelnen Gegenständen sowie im Falle nicht freiwilliger Herausgabe deren Beschlagnahme angeordnet wird. Noch im August findet sodann die Durchsuchung statt.

Die Beamten finden im Arbeitszimmer einen Ordner mit Unterlagen, zu dem R angibt, es handle sich um „Anwaltskorrespondenz", und übergibt zugleich einen USB-Stick mit der Aufschrift „Rechtsanwälte E & K", von dem er angibt, auf diesem befinde sich ebenfalls „Anwaltskorrespondenz". Der vor Ort anwesende Staatsanwalt sagt daraufhin zu, die Unterlagen und die Daten auf dem USB-Stick erst bei einem späteren gemeinsamen Termin in Gegenwart des Verteidigers von R zu sichten.

Ein gemeinsamer Sichtungstermin kam im Folgenden nicht zustande, weil der Staatsanwalt im Folgenden die Auffassung vertrat, die Unterlagen und Daten, die offensichtlich bereits vor Juni erstellt wurden, könnten schon deswegen keine „Verteidigerunterlagen" sein, weil R zu diesem Zeitpunkt noch kein Beschuldigter gewesen sei. Er sichtete die Unterlagen und beantragte beim Amtsgericht deren Beschlagnahme, da sie verfahrensrelevante Beweisbedeutung haben könnten.

Ist die Beschlagnahme rechtmäßig? Von der Verfahrensrelevanz der Unterlagen ist dabei auszugehen.

---

11 Der Sachverhalt beruht auf einer Entscheidung des LG München I, Beschluss vom 11.12.2018 – 6 Qs 16/18, NStZ 2019, 172. Hinzuweisen ist insoweit auch auf die Entscheidung des LG Stuttgart vom 26.3.2018 – 6 Qs 1/18, BeckRS 2018, 8717.

Vorüberlegungen

Besonders aufschlussreich für Ermittlungen kann insbesondere die Kommunikation mit Anwälten sein. Anwälte sind jedoch nach § 53 I Nr. 3 StPO generell zur Zeugnisverweigerung berechtigt und auch verpflichtet, sofern sie nicht von ihrer Verschwiegenheitsverpflichtung entbunden werden. § 160a I StPO verbietet die Umgehung dieses Zeugnisverweigerungsrechtes mittels anderweitiger Ermittlungsmaßnahmen, zu denen die Durchsuchung selbst nicht gehören soll, aber nur in Ausnahmefällen und unter strengen Verhältnismäßigkeitsgrundsätzen zulässig sein soll. Wie § 160a V StPO zu entnehmen sei, gehe hier der Schutz über § 97 StPO vor, der jedoch lediglich die Beschlagnahme von Verteidigerunterlagen, nicht aber jeglicher anwaltlichen Korrespondenz verbietet und voraussetzt, dass sich die Verteidigerunterlagen zudem im Gewahrsam des Verteidigers befinden.

Da das Recht auf eine effektive Strafverteidigung voraussetzt, dass auch der Beschuldigte schriftlich mit seinem Verteidiger ungestört korrespondieren und für sich schriftliche Aufzeichnungen zu seiner Verteidigung vorrätig halten kann, ist das Beschlagnahmeverbot nicht nur auf solche Unterlagen im Gewahrsam des Verteidigers beschränkt, sondern erfasst nach einhelliger Auffassung über § 97 StPO i.V.m. § 148 StPO auch die Verteidigungsunterlagen im Gewahrsam des Beschuldigten. Damit stellt sich die Frage, wann Unterlagen den Charakter von beschlagnahmefreien „Verteidigungsunterlagen“ haben.

Gliederung

Rechtmäßigkeit der Beschlagnahme

1. Anfangsverdacht einer Straftat +
2. Gegenstände mit Beweisbedeutung +
3. Adressat der Maßnahme +
4. Beschlagnahmeerfordernis +
5. Beschlagnahmeverbot
   - 5.1 – nach § 97 StPO –
   - 5.2 – nach § 97 i.V.m. § 148 StPO +

Gutachten

Rechtmäßigkeit der Beschlagnahme

1. Anfangsverdacht einer Straftat

§ 94 StPO setzt wie der weit überwiegende Teil der Maßnahmen nach der StPO einen Anfangsverdacht einer Straftat im Sinne von § 152 II StPO voraus. Hier besteht gegen R der Verdacht des Betrugs bzw. der Beihilfe des Betrugs gemäß §§ 263, 27 StGB.

2. Gegenstand mit Bedeutung für die Untersuchung

Gemäß § 94 StPO können Gegenstände mit Bedeutung für den Gegenstand der Untersuchung sichergestellt werden. Gegenstände sind vor allem auch körperliche Gegenstände. Die Unterlagen, aber auch der USB-Stick sind körperliche Gegenstände. Der Gegenstandsbegriff des § 94 StPO setzt jedoch eine Körperlichkeit nicht voraus. Gegenstand kann vielmehr alles sein, was einen Beweiswert hat und für die Untersuchung von Bedeutung sein kann. Damit sind Gegenstände im Sinne von § 94 StPO insbesondere auch die auf dem USB-Stick gespeicherten Daten.

Diese Gegenstände müssen Bedeutung für die Untersuchung haben, das heißt, für die Sachverhaltsaufklärung relevant sein können. Die Sichtung der Unterlagen und Daten hat die Verfahrensrelevanz ergeben.

3. Adressat der Maßnahme

Adressat der Maßnahme ist der jeweilige Gewahrsamsinhaber des Gegenstandes und kann auch der Beschuldigte selbst sein.

4. Beschlagnahmeerfordernis

Sicherstellung ist der Oberbegriff für die Begründung eines staatlichen Gewahrsams mit oder auch gegen den Willen des jeweiligen Gewahrsamsinhabers. Sofern der Gewahrsamsinhaber mit der

Sicherstellung einverstanden ist, kann sie formlos erfolgen. Andernfalls muss sie förmlich erfolgen. Die förmliche Sicherstellung wird als Beschlagnahme bezeichnet und ist in § 98 StPO geregelt.

Aus dem Sachverhalt ist ersichtlich, dass R geltend machen möchte, dass die Unterlagen und Daten gerade nicht für das Verfahren gegen ihn zur Verfügung stehen sollen und er sich insoweit lediglich mit einer Sichtung zur Verifizierung im Beisein seines Verteidigers einverstanden erklärt. R hat demzufolge weder die Unterlagen noch den USB-Stick freiwillig herausgegeben und sich mit deren Sicherstellung für das Verfahren einverstanden erklärt. Da die freiwillige Herausgabe verweigert wurde, sind die Unterlagen und Daten nach § 98 I StPO zu beschlagnahmen.

5. Beschlagnahmeverbot

5.1 Beschlagnahmeverbot nach § 97 StPO

Für schriftliche Mitteilungen zwischen dem Beschuldigten und seinem Verteidiger besteht, ein Beschlagnahmeverbot nach § 97 I Nr. 1 i.V.m. § 53 I Nr. 2 StPO. Der Begriff der schriftlichen Mitteilungen ist dabei weit zu verstehen. Erfasst sind alle Unterlagen, die in objektiv nachvollziehbarer Weise im Rahmen einer Mandatsbeziehung erstellt wurden, die auf die strafrechtliche Verteidigung gerichtet sind. Die bloße Bezeichnung als „Verteidigerunterlagen" oder die Vermischung mit solchen genügt nicht, um Unterlagen der Beschlagnahme zu entziehen.

Allerdings setzt die Beschlagnahmefreiheit gemäß § 97 II 1 StPO voraus, dass sich die Unterlagen im Gewahrsam des Verteidigers befinden.

Da die Unterlagen bei R als Beschuldigten gefunden wurden, ist § 97 StPO nicht einschlägig.

5.2 Beschlagnahmeverbot nach § 97 i.V.m. § 148 StPO

Nach absolut herrschender Meinung sind derartige Unterlagen auch dann von der Beschlagnahme ausgeschlossen, wenn sie sich im Gewahrsam des Beschuldigten befinden.

Diese Ansicht stützt sich auf § 148 StPO, der dem Beschuldigten auch in der Untersuchungshaft mündlichen und schriftlichen Verkehr mit dem Verteidiger gestattet. Daraus ist zu schließen, dass insgesamt und damit unabhängig von einer eventuellen Untersuchungshaft Schriftstücke, die Verteidiger und Mandant ausgetauscht haben und in deren Besitz sind, beschlagnahmefrei sind.

Voraussetzung für eine Beschlagnahmefreiheit ist, dass der Mandant in dem Zeitpunkt, in dem die Sicherstellung erfolgte, tatsächlich bereits Beschuldigter ist und die Unterlagen in objektiv nachvollziehbarer Weise eine Mandatsbeziehung betreffen, die Gegenstand des Strafverfahrens ist.

Streitig ist allerdings, ob zusätzlich zu fordern ist, dass die Unterlagen erst nach Erlangung des Beschuldigtenstatus angefertigt worden sind.

Eine „Verteidigung" kann allerdings auch schon dann stattfinden, wenn ein Verfahren noch nicht förmlich eingeleitet worden ist, aber der Mandant dies befürchtet oder auch nur klären möchte, ob diese Gefahr besteht, und sich beraten lassen möchte. Eine derartige Beratung könnte er nicht beruhigt in Anspruch nehmen, wenn er fürchten müsste, dass die im Rahmen dieser Beratung erstellten Unterlagen später nicht beschlagnahmefrei sind, weil ihm insofern im Zeitpunkt der Erstellung noch der offizielle Status als Beschuldigter fehlte.

Das wäre mit der von § 97 I Nr. 1 i.V.m. § 148 StPO bezweckten Gewährleistung einer geordneten und effektiven Verteidigung nicht vereinbar. Es wäre auch mit dem Recht aus Art. 6 EMRK auf ein faires Verfahren und insbesondere auf eine Verteidigung aus Art. 6 III lit. c EMRK nicht vereinbar. § 97 I Nr. 1 i.V.m. § 148 StPO bezwecken darüber hinaus auch die Geltung des nemo-tenetur-Grundsatzes für die Kommunikation mit dem Verteidiger. Der nemo-tenetur-Grundsatz greift, wie sich aus § 55 StPO ergibt, auch vor der Einleitung eines Ermittlungsverfahrens. Hinter diesen Rechten eines Beschuldigten muss das Interesse an einer effektiven Strafverfolgung zurücktreten.

Demzufolge kann es nach überzeugender Ansicht auf den Zeitpunkt der Erstellung der Unterlagen nicht ankommen. Die Unterlagen können also als solche bereits zu einem Zeitpunkt erstellt worden sein, in dem der Mandant noch nicht Beschuldigter eines Strafverfahrens war. Entscheidend ist demzufolge allein, dass R aktuell Beschuldigter ist und die Unterlagen in objektiv nachvollziehbarer Weise im Rahmen einer Mandatsbeziehung erstellt wurden, die auf die strafrechtliche Verteidigung gerichtet sind.

Die Beschlagnahme ist daher unzulässig.

Fall 12: Führerscheinbeschlagnahme, §§ 94 III, 111a StPO i.V.m. § 69 II StGB

Sachverhalt

Die Polizeibeamten A und B werden bei einer Streifenfahrt auf den X aufmerksam, weil er sein Fahrzeug unmotiviert beschleunigt oder abbremst, zudem auch in Schlangenlinien fährt. Sie halten den X an. Aus dem Fahrzeug dringt Alkoholgeruch, außerdem spricht der X verwaschen. X erklärt, er käme von einer Geburtstagsfeier. Sie fordern X auf, in das ordnungsgemäß gewartete Atemalkoholmessgerät zu blasen; der Test ergibt einen Wert von ca. 1,6 Promille. Daraufhin nehmen sie den Führerschein des X in Verwahrung, behalten, nachdem das KFZ des X ordnungsgemäß am Straßenrand geparkt wurde, den Fahrzeugschlüssel ein, und fahren den X zur Abnahme einer Blutprobe. X hat der Inverwahrungnahme des – deutschen – Führerscheins nicht widersprochen.

War die Inverwahrungnahme des Führerscheins rechtmäßig?

Vorüberlegungen

Bei der Beschlagnahme von Führerscheinen, § 94 III StPO i.V.m. § 69 III 2 StGB sowie der vorläufigen Entziehung der Fahrerlaubnis gem. § 111a StPO handelt es sich streng genommen auch um Maßnahmen der Gefahrenabwehr, nicht oder nicht nur um Maßnahmen, die der Sicherung eines Strafverfahrens dienen, denn sie dienen primär dem Schutz der Allgemeinheit vor weiteren Trunkenheitsfahrten bzw. sonstigen Gefahren durch ungeeignete Kraftfahrer. Aufgrund des gegebenen unmittelbaren Sachzusammenhangs ist die Zuständigkeit des Bundesgesetzgebers aber zu bejahen.[12]

Zunächst muss begrifflich zwischen Führerschein und Fahrerlaubnis unterschieden werden. Die Fahrerlaubnis ist die Berechtigung, ein Kraftfahrzeug zu führen, der Führerschein dagegen ist das Papier (die Urkunde), die diese Berechtigung nach außen hin dokumentiert.

12 Vgl. BverfG E 19, 342, 349.

Ist der Führerschein ein Beweismittel (besteht also der Verdacht der Urkundenfälschung, § 267 StGB) dann richtet sich die Beschlagnahme ohne jede Besonderheit nach §§ 94 I, II, 98 StPO. Dabei ist der Führerschein auch Einziehungsgegenstand gem. §§ 94 III, 98 StPO i.V.m. § 282 StGB (Einziehung eines Gegenstandes, auf den sich eine Straftat nach § 267 StGB bezieht).

Wenn der Führerschein dagegen selbst Einziehungsgegenstand ist – dies ist meist dann der Fall, wenn die Fahrerlaubnis gem. § 69 StGB entzogen wird – dann richtet sich die Beschlagnahme nach §§ 94 III, 98 StPO. Diese Stellung im Gesetz ist systemwidrig, denn obwohl Einziehungsgegenstand wird die Sicherstellung des Führerscheins im Rahmen der Beweismittelsicherstellungen vorgenommen. Dies hat der Gesetzgeber deshalb so festgeschrieben, weil es beim Führerschein nicht auf die Wirkung eines Veräußerungsverbotes ankommt (§ 111c V StPO) sondern im Vordergrund die tatsächliche Sicherstellung der Urkunde steht.

Dabei ergeben sich aus § 69 I, II StGB die Gründe für die Entziehung der Fahrerlaubnis und aus § 69 III StGB die Folge aus der Entziehung der Fahrerlaubnis: der Führerschein wird eingezogen.

Nach § 94 III StPO gelten die Absätze 1 und 2 auch für Führerscheine, die der Einziehung unterliegen. Daraus folgt, dass die Paragraphen 95 StPO und 98 StPO auch für die Beschlagnahme eines Führerscheins gelten.

Dadurch gibt es Unterschiede im Verfahren der Sicherstellung von Einziehungs- und Verfallsgegenständen ganz allgemein gem. § 111b ff. StPO und der Sicherstellung von Führerscheinen.

Während ein Beamter gem. § 111b StPO auch bei Vorliegen aller Voraussetzungen sicherstellen *kann* – ihm also ein Ermessen zusteht, ob er sicherstellt oder nicht – *muss* er zwingend sicherstellen, wenn es sich um Beschlagnahmen gem. § 94 StPO handelt und die Voraussetzungen dazu vorliegen. Wenn sich der Beamte dazu entscheidet im Verfahren gem. § 111b StPO sicherzustellen, dann muss er allerdings eine förmliche Beschlagnahme vornehmen, während § 94 I StPO die formlose Sicherstellung erlaubt.

Also kann ein Führerschein formlos sichergestellt bleiben, während § 111b StPO immer die förmliche Beschlagnahme voraussetzt.

Die Polizei wird einen Führerschein dann formlos sicherstellen oder beschlagnahmen, wenn sicher anzunehmen ist, dass ein Richter die

Fahrerlaubnis nach § 111a StPO vorläufig entziehen würde. Dies darf der Richter nur, wenn er dringende Gründe für die Annahme hat, dass die Fahrerlaubnis gem. § 69 StGB endgültig entzogen wird. Außerdem muss – jedenfalls bei der förmlichen Sicherstellung – Gefahr im Verzug vorliegen.

Gliederung

Rechtmäßigkeit der Maßnahme gem. §§ 94 III, 111a StPO i.V.m. § 69 II Nr. 2 StGB

1. Anordnungsvoraussetzungen
   - Ziel der Maßnahme
   - deutscher Führerschein +

   1.1 Voraussetzungen des § 111a StPO i.V.m. § 69 StGB
   - Dringende Gründe für die Annahme des Entzugs der Fahrerlaubnis +
   - Voraussetzungen des § 69 StGB
     hier: § 69 II Nr. 2 StGB: +
     § 316 StGB +
     Tatbestandsmäßigkeit, insbesondere die Feststellung der Fahruntüchtigkeit +
     Rechtswidrigkeit +
     Schuld +

   1.2 Führerschein als Einziehungsgegenstand +
2. Verhältnismäßigkeit +
3. Anordnungskompetenz
   formlose Sicherstellung +

Gutachten

Rechtmäßigkeit der Maßnahme gem. §§ 94 III, 111a StPO i.V.m. § 69 II Nr. 2 StGB

1. Anordnungsvoraussetzungen

Die Inverwahrungnahme des Führerscheins könnte gem. §§ 94 III, 111a StPO i.V.m. § 69 II Nr. 2 StPO gerechtfertigt sein.

Ziel der Maßnahme der §§ 94 III, 111a StPO ist es, durch die Inverwahrungnahme des Führerscheins einen für das Führen von Kraftfahrzeugen ungeeigneten Führerscheininhaber vom Straßenverkehr fernzuhalten.

Es handelt sich hier um einen *deutschen Führerschein*, der somit auch sichergestellt werden darf, §§ 94 III, 98, 111a I StPO.

1.1 Voraussetzungen

Die Voraussetzungen der § 111a StPO i.V.m. § 69 StGB müssten gegeben sein.

Gem. § 111a I StPO müssten *dringende Gründe* dafür vorliegen, dass mit an Sicherheit grenzender Wahrscheinlichkeit in der Hauptverhandlung dem Beschuldigten die Fahrerlaubnis entzogen werden wird.

Unter dringenden Gründen wird wie beim dringenden Tatverdacht die hohe Wahrscheinlichkeit verstanden, dass die Fahrerlaubnis entzogen wird. Ein einfacher Verdacht reicht dafür gerade nicht aus.

Gem. § *69 StGB* entzieht der Richter in einem späteren Strafverfahren die Fahrerlaubnis, wenn der X wegen einer rechtswidrigen Tat, die er bei oder im Zusammenhang mit dem Führen eines Kraftfahrzeugs begangen hat, verurteilt wird und wenn sich aus der Tat ergibt, dass er zum Führen eines Kraftfahrzeugs ungeeignet ist. Dabei stellt § *69 II StGB* eine Prognose der Ungeeignetheit durch eine Beweisregel auf; anders ausgedrückt: wenn ein Regelbeispiel des § *69 II StGB* erfüllt ist, kann davon ausgegangen werden, dass die Fahrerlaubnis entzogen werden wird, weil ein solcher Führerscheininhaber grundsätzlich als ungeeignet zum Führen eines Kraftfahrzeugs angesehen wird.

Hier könnte das Regelbeispiel des § 69 II Nr. 2 StGB erfüllt sein. Dann müsste der X eine Trunkenheit im Verkehr, § *316 StGB*, begangen haben.

Er müsste also vorsätzlich (§ 316 I StGB) oder fahrlässig (§ 316 II StGB) ein Fahrzeug im Verkehr geführt haben, obwohl er *alkoholbedingt fahruntüchtig* war.

X hat im öffentlichen Straßenverkehr ein Kraftfahrzeug geführt.

Fraglich ist, ob er alkoholbedingt fahruntüchtig war. Dies ist dann der Fall, wenn die Gesamtleistungsfähigkeit, besonders infolge Enthemmung sowie geistig-seelischer und körperlicher Leistungsausfälle, soweit herabgesetzt ist, dass er nicht mehr fähig ist, sein Fahrzeug im Straßenverkehr eine längere Strecke, und zwar auch beim plötzlichen Auftreten schwieriger Verkehrssituationen, sicher zu steuern[13]. Wichtigstes Beweismittel für den Nachweis der alkoholbedingten Fahruntüchtigkeit ist die im Blut des Täters festgestellte Alkoholkonzentration. Überschreitet die BAK einen Wert von 1,1 Promille, so bestehen stets verkehrsgefährdende Leistungsminderungen und Persönlichkeitsveränderungen. Ab 1,1 Promille ist der Nachweis der Fahruntüchtigkeit unwiderleglich geführt, dann liegt absolute Fahruntüchtigkeit vor. Unterhalb dieser Schwelle müssen weitere Tatsachen festgestellt werden, die als Beweiszeichen geeignet sind, dem Richter die Überzeugung von der Fahruntüchtigkeit eines Fahrzeugführers zu vermitteln.

Hier mussten die Polizeibeamten allein aufgrund der Messergebnisse eines chemo-elektronischen Analysegerätes über die Sicherstellung des Führerscheines entscheiden. Diese Geräte gelten bislang nicht als gleich beweisgeeignet wie die Untersuchung des Blutes. Erfahrungsgemäß ergeben sich beim Vergleich zwischen dem Ergebnis der Blutuntersuchung und der Anzeige des Atemalkoholmessgerätes bei ordnungsgemäßer Wartung des letzteren nur geringe Abweichungen. Sie erscheinen demnach als sicher genug, um eine Prognose über die mutmaßlich zu erwartende BAK zu stellen. Auch treffen die Polizeibeamten hier nur eine vorläufige Maßnahme, sie entziehen nicht etwa – wie der Richter – die Fahrerlaubnis. Deshalb ist es vertretbar, vor Ort aufgrund der Messergebnisse des Atemalkoholmessgerätes nicht nur einem Verdächtigen Blut abnehmen zu lassen, sondern auch den Führerschein sicherzustellen.

Hier wurde bei der Messung ein Wert von 1,6 Promille festgestellt. Dies lässt erwarten, dass auch die BAK über 1,1 Promille liegen wird. Aber selbst, wenn sie im Bereich der relativen Fahruntüchtigkeit liegen würde, käme ein Richter aufgrund der von den Beamten festgestellten Beweiszeichen – unmotiviertes Beschleunigen oder Abbremsen, Fahren in Schlangenlinien, verwaschenes Sprechen – zu dem Schluss, dass hier Fahruntüchtigkeit vorgelegen hätte.

13 Vgl. nur BGHSt 13, 83.

Der objektive Tatbestand des § 316 StGB ist erfüllt. Da § 316 StGB sowohl vorsätzlich als auch fahrlässig begangen werden kann – welche Vorsatzform zutrifft, können erst weitere Ermittlungen ergeben – liegt auf jeden Fall auch eine vorwerfbare innere Einstellung des Täters zur Tathandlung vor.

Er handelte auch *rechtswidrig*. Möglicherweise handelte er nur eingeschränkt *schuldfähig*. Dies spielt im Rahmen der Entziehung der Fahrerlaubnis aber keine Rolle, denn § 69 I StGB erlaubt ausdrücklich auch die Entziehung der Fahrerlaubnis beim schuldunfähigen Täter.

Nach § 69 II Nr. 2 StGB ist der X also als ungeeignet zum Führen eines Kraftfahrzeugs anzusehen.

1.2 Führerschein als Einziehungsgegenstand

Aufgrund des festgestellten Messergebnisses hatten die Polizeibeamten auch einen *dringenden Verdacht* auf das Vorliegen eines Regelbeispiels des § 69 II StGB. Daher galt der Führerschein für die Beamten als Einziehungsgegenstand.

2. Verhältnismäßigkeit

Dieser durfte gem. § 94 III StPO sichergestellt werden, wenn die Maßnahme auch verhältnismäßig, also geeignet, erforderlich und angemessen war. Hier steht das Interesse der Allgemeinheit, Fahruntaugliche als Fahrzeugführer vom Straßenverkehr fernzuhalten dem Interesse des X gegenüber, als Fahrzeugführer weiterhin am Straßenverkehr teilnehmen zu können. Die Maßnahme war dann geeignet, wenn sie dieses Ziel fördert. Ein zum Führen von Kraftfahrzeugen Ungeeigneter darf nach dem StVG und der StVZO kein Kraftfahrzeug führen. Der X hätte aber ohne die Sicherstellung des Führerscheins weiterhin einen Berechtigungsschein zum Führen eines solchen. Das bloße mündliche Verbot ein KFZ zu führen, wäre für einen später kontrollierenden Polizeibeamten nicht ersichtlich. Mit der Inverwahrungnahme wird diese Maßnahme überprüfbar gemacht, zudem steigt die Hemmschwelle des X, trotz Verbotes ein Kraftfahrzeug zu führen. Die Maßnahme ist geeignet.

Sie war auch erforderlich, ein milderes, gleich wirksames Mittel ist nicht ersichtlich.

Sie war auch angemessen, da das beschriebene Interesse der Allgemeinheit nicht außer Verhältnis steht zum Interesse des X.

Die Maßnahme war insgesamt verhältnismäßig.

3. Anordnungskompetenz

Der Führerschein konnte gem. § 94 III StPO von jedem Polizeibeamten *formlos sichergestellt* werden, wenn der X seinen Führerschein freiwillig herausgegeben hat. Gegenteiliges ist aus dem Sachverhalt nicht zu entnehmen. Daher durfte der Führerschein formlos sichergestellt werden.

Die Beamten handelten rechtmäßig.

Fall 13: Durchsuchung beim Verdächtigen; hier: Anfangsverdacht, § 102 StPO

Sachverhalt

A wird erwischt, als er in einem Mediamarkt 5 CDs einsteckt und versucht, ohne zu bezahlen, den Laden zu verlassen. Da sich der A zunächst weigert, sich auszuweisen, wird die Polizei gerufen. Den Beamten legt A seinen Personalausweis vor und gibt die in Frage stehenden CDs heraus. Eine von A erlaubte Durchsuchung seiner Person und seiner mitgeführten Einkaufstasche bringt kein weiteres Ergebnis.

Die Überprüfung von As Personalien ergibt, dass er einen festen Wohnsitz hat und bisher polizeilich nicht in Erscheinung getreten ist.

Die Polizeibeamten (Ermittlungspersonen der Staatsanwaltschaft) möchten, um den Fall „abzurunden" und weil sie zur Eindämmung von Ladendiebstählen beitragen möchten, As Wohnung durchsuchen. Dieser ist damit nicht einverstanden, auch nicht, als die Beamten ihm erklären, dies diene schließlich auch zu seiner Entlastung und im Übrigen spräche die kriminalistische Erfahrung dafür, dass er weiteres Diebesgut in seiner Wohnung aufbewahren würde.

Dürfen die Beamten eine Wohnungsdurchsuchung anordnen?

Vorüberlegungen

In Frage kommt hier die Durchsuchung gem. § 102 StPO. Der vorstehende Fall gibt Anlass, sich über das Vorliegen eines Anfangsverdachtes Gedanken zu machen. Der beschriebene Ladendiebstahl ist aufgeklärt, der Täter überführt und die Beute sichergestellt. Inwieweit bei dieser Sachlage – und im Falle eines Ersttäters – trotzdem die Wohnung durchsucht werden darf, soll die folgende gutachterliche Prüfung erweisen.

Dabei darf nicht außer Acht bleiben, dass das Gesetz zwar für eine Reihe von Grundrechtseingriffen den „Verdacht" in seinen verschiedenen Intensitätsstufen zur Eingriffsvoraussetzung macht, den Begriff selbst aber nirgendwo definiert.

Gliederung

Gutachten

Rechtmäßigkeit der Durchsuchung gem. §§ 102 ff. StPO

Anordnungsvoraussetzungen

Die *Voraussetzungen* des § 102 StPO müssten gegeben sein. Dazu müsste zunächst der einfache Tatverdacht der Tatbeteiligung an einer bestimmten Straftat vorliegen, also eine Wahrscheinlichkeit dafür bestehen, dass eine bestimmte Straftat bereits begangen worden ist.

Der *Verdacht einer Straftat* ergibt sich aus bestimmten Tatsachen, welche zusammen mit kriminalistischen, kriminologischen und anderen allgemeinen Erkenntnissen und im Hinblick auf einen gesetzlichen Straftatbestand den Wahrscheinlichkeitsschluss erlauben, es sei eine Straftat verübt worden. Rechtsstaatlich bedeutsam ist der Bezug auf die „bestimmten" Tatsachen; daraus ergibt sich, dass die Ermittlungsorgane nicht ohne konkreten verdachtserweckenden Anlass irgendwelche Vorgänge überprüfen sollen.

Diese Straftat könnte der begangene und im Sachverhalt beschriebene Ladendiebstahl sein. Dann müssten die Beamten vermuten können, noch weitere Beweismittel in As Wohnung zu finden. Da A aber auf frischer Tat betroffen wurde, seine Identität bekannt ist und das Diebesgut sichergestellt wurde, können weitere Erkenntnisse aus einer Wohnungsdurchsuchung nicht erwartet werden. Diese Straftat ist aufgeklärt.

Die Beamten könnten vermuten, der A habe unmittelbar zuvor einen weiteren Ladendiebstahl begangen. Da aber die Durchsuchung seiner Person und seiner mitgeführten Sachen keinen Hinweis darauf ergibt, ist eine solche Vermutung nicht ausreichend, einen einfachen Tatverdacht zu begründen.

Weiterhin könnte es sein, dass die Beamten weitere Ladendiebstähle aufklären möchten. Ladendiebstahl ist ein Delikt mit hohem Dunkelfeld und hoher Aufklärungsrate. Mit anderen Worten: in der Regel werden Ladendiebstähle nur dann angezeigt, wenn der Täter bei Tatbegehung gestellt und festgehalten wurde. Davon, dass den Beamten Anzeigen wegen Ladendiebstählen vorlägen, ist nichts bekannt. Wenn aber noch nicht einmal eine konkrete Straftat bekannt ist, so kann auch niemand dieser nicht bekannten Straftat als möglicher Tatverdächtiger zugeordnet werden. Aber selbst wenn es ungeklärte und bekannt gewordenen Fälle von Ladendiebstahl geben sollte, müsste zwischen einem dieser Fälle und dem A eine Verdacht erregende Beziehung bestehen. Allein der Erfahrungssatz, dass Täter selten bei ihrer ersten Tat gefasst werden, reicht für die Annahme einer solchen Beziehung nicht aus.

Auch der Hinweis der Beamten auf die „entlastenden" Umstände geht fehl. Da der A gar nicht im Verdacht einer weiteren Straftat steht und die ihm zuzuordnende aufgeklärt ist, bedarf es auch keiner Entlastung mehr.

Eine Durchsuchung der Wohnung des A liefe also auf eine rechtswidrige Ausforschung hinaus.

Die Durchsuchung darf nicht vorgenommen werden.

Fall 14:
Durchsuchung beim Verdächtigen; hier: Anordnungskompetenz des Richters, §§ 102, 105 StPO

Sachverhalt[14]

An einem Sonntagnachmittag verständigen Zeugen das örtliche Polizeirevier und informieren darüber, dass es im Bereich eines Mehrfamilienhauses in der Lüdenscheider Innenstadt stark nach Cannabis riechen soll.

Daraufhin begeben sich die Streifenbeamten P und R zum Wohngebäude, betreten das Haus und klingeln – dem vermeintlichen Duft folgend – an einer der Wohnungstüren. Der A öffnet zögerlich die Tür. Nunmehr dringt durch den geöffneten Spalt enormer Cannabisgeruch hervor, der beide Beamte dazu veranlasst, sich sofort Zutritt zu verschaffen.

Während P den A im Wohnzimmer unter Beobachtung hält, durchsucht R sämtliche Räume. Neben dem Fund einer umfangreichen Cannabisplantage mit zahlreichen Pflanzen und für den Anbau erforderlichen Zubehör trifft R auf die Wohnungsmieterin B, die im Schlafzimmer – ersichtlich unter Drogenkonsum stehend – im Bett verweilt. Die Beamten nehmen die beiden Tatverdächtigen vorläufig fest und beschlagnahmen den Fund, u.a. 7,25 kg Cannabis an Ernte.

War die Durchsuchung rechtmäßig?

Welche rechtlichen Gefahren drohen bei Rechtswidrigkeit der Maßnahme?

Vorüberlegungen

Kaum ein Ermittlungsverfahren gestaltet sich heutzutage ohne eine Wohnungs- oder zumindest Personendurchsuchung. Die Strafprozessordnung gestattet beides gleichermaßen gegenüber Beschuldigten und Nichtbeschuldigten, jeweils flankiert mit im Grundsatz richterlichen

14 Der Sachverhalt ist einer Pressemitteilung der Polizei Märkischer Kreis vom 9.8.2017 angelehnt („POL-MK: Cannabisplantage hochgenommen").

und ausnahmsweise ermittlungsbehördlichen Anordnungskompetenzen der Staatsanwaltschaft und Polizei. Die Wohnungsdurchsuchung beim Verdächtigen zählt mittlerweile zu den alltäglichen Standardmaßnahmen des polizeilichen Streifendienstes und kann jeden Beamten treffen, der unmittelbar von einer Straftat Kenntnis erhält. Zu den „Klassikern" gehört hierbei sicherlich die Wahrnehmung von Drogen- oder auch sonstiger Kriminalität aus einer zunächst nicht zugänglichen Wohnung, sodass sich zwangsläufig die Fragen nach dem Ob und Wie des rechtmäßigen Zutritts und eben auch der rechtlichen Folgen der Beweisgewinnung bei einem rechtswidrigen Zutritt stellen.

Gliederung

1. Rechtmäßigkeit der Maßnahme gem. § 102 StPO
   1.1 Anordnungsvoraussetzungen
      - Verdacht einer Straftat +
      - Betroffener ist Verdächtiger +
      - taugliches Durchsuchungsobjekt +
      - Ergreifungsdurchsuchung –
      - Auffindungsdurchsuchung +
      - Verhältnismäßigkeit +
   1.2 Anordnungskompetenz gem. § 105 I StPO
      - hier: Staatsanwaltschaft und ihre Ermittlungspersonen +
      - Gefahr im Verzug –
2. Rechtliche Gefahren bei Rechtswidrigkeit der Durchsuchung?
   - kein allgemeiner Grundsatz von Verwertungsverboten der gefundenen Beweise bei rechtswidrigen Durchsuchungen +
   - Beweisverwertungsverbote sind Ausnahmen und verlangen eine Abwägung mit Grundsätzen der Funktionstüchtigkeit der Strafrechtspflege und Wahrheitserforschung vor Gericht +
   - 3 Fallgruppen anerkannter Beweisverwertungsverbote +

Gutachten

1. Rechtmäßigkeit der Durchsuchung gem. § 102 StPO

Die Rechtmäßigkeit der Durchsuchung könnte sich vorliegend aus § 102 StPO ergeben.

1.1 Anordnungsvoraussetzungen

Voraussetzung jeder Durchsuchung gemäß § 102 StPO ist die Wahrscheinlichkeit, dass eine bestimmte Straftat bereits begangen und nicht nur straflos vorbereitet worden ist. Nicht ausreichend sind vage Anhaltspunkte oder bloße Vermutungen, andererseits bedarf es aber auch keines dringenden Tatverdachts wie bei der vorläufigen Festnahme. Die beiden Polizeibeamten sind wegen deutlich wahrnehmbaren Cannabis-Geruchs gerufen worden. Nachdem die Tür ein Spalt geöffnet wurde, bestätigte sich für sie diese Annahme. Aufgrund dieses Geruchs bestehen *zureichende tatsächliche Anhaltspunkte* (§ 152 II StPO) für den Besitz verbotener Betäubungsmittel gemäß § 29 BtMG und damit der Anfangsverdacht für eine zu verfolgende Straftat.

Der die Wohnungstür öffnende A gilt für die beiden Beamten auch als *Verdächtiger.* Er braucht noch nicht Beschuldigter zu sein; zum Beschuldigten wird der Verdächtige, wenn – wie hier – die Maßnahme dazu dient, für seine Überführung geeignete Beweismittel zu gewinnen, was auch geschehen ist.

Durchsuchungsobjekt war hier die Wohnung des A ungeachtet des Umstandes, ob er sie befugt oder unbefugt benutzt oder ob er Allein- oder Mitinhaber derselben ist.

§ 102 StPO unterscheidet seinerseits zwei *Durchsuchungszwecke.* Sie kann veranlasst sein zum Zweck der Ergreifung des Verdächtigen, also jede Festnahme zur Durchführung einer gesetzlich zugelassenen Zwangsmaßnahme. Der häufigere Anwendungsfall ist ihre Vornahme zum Auffinden von Beweismitteln einschließlich der in § 103 StPO erwähnten Spuren und Personen, die zu Beweiszwecken in Augenschein genommen werden sollen. Augenscheinlich haben die Beamten die *Durchsuchung zur Auffindung von Beweismitteln* zur Überführung von Betäubungsmittelstraftaten gewählt; darüber hinaus wäre auch eine Ergreifungsdurchsuchung möglich, wenn in der Wohnung weitere Tatverdächtige angetroffen würden.

Besondere Beachtung bei Durchsuchungen hat der *Grundsatz der Verhältnismäßigkeit* zu erfahren. So scheidet die Durchsuchung aus, wenn andere, weniger einschneidende und den Ermittlungszweck nicht gefährdende Maßnahmen verfügbar sind. Das aber scheidet hier offensichtlich aus, wenn man zumal bedenkt, dass A nur zögerlich die Tür öffnete und ggf. unter Ausnutzung eines Überraschungsmomentes die Tür auch schnell wieder hätte verschließen können. Die Maßnahme war somit verhältnismäßig.

Als Zwischenergebnis ist festzuhalten, dass die Voraussetzungen des § 102 StPO vorliegen.

1.2 Anordnungskompetenz

Fraglich ist aber, ob die beiden Polizeibeamten sogleich berechtigt waren, sich unmittelbar den Zutritt zur Wohnung zu verschaffen. Die Vorgaben für strafprozessuale Durchsuchungen sind in § 105 I StPO geregelt. Diese dürfen nur durch den Richter, bei Gefahr im Verzug auch durch die Staatsanwaltschaft und ihre Ermittlungspersonen durchgeführt werden.

Unproblematisch handelten sie in der Annahme von Straftatverdacht und damit in der Eigenschaft von *Ermittlungspersonen der Staatsanwaltschaft* (§ 152 GVG).

Problematisch dagegen ist, ob *Gefahr im Verzug* vorgelegen hat. Eine solche Gefahr im Verzug wird angenommen, wenn die durch die vorherige Einholung der richterlichen Anordnung bedingte zeitliche Verzögerung den Erfolg der Durchsuchung gefährden würde. Stellt man auf das unmittelbare Antreffen des Verdächtigen an der Wohnungstür ab, bleibt allen Ernstes nicht wirklich Zeit, noch einen Richter wirksam zu kontaktieren.

Nur auf diese Situation zu schauen wäre aber gewiss zu kurz gedacht. Denn ebenso anerkannt ist das Erfordernis, dass grundsätzlich schon versucht werden muss, die richterliche Anordnung zu erhalten, insbesondere auch durch Ausnutzung der bis zur Durchführung der Maßnahme verstreichenden Zeit. Darüber hinaus hat der BGH ein Unterlaufen der Regelzuständigkeit des Richters darin gesehen, dass mit dem Antrag entgegen jeglicher kriminalistischer Erfahrung so lange zugewartet wird, bis die Gefahr eines Beweismittelverlustes als Voraussetzung für die Annahme von Gefahr im Verzug tatsächlich eingetreten ist. Auf den vorliegenden Fall übertragen bedeutet das aber, dass bereits im Zeitpunkt der Wahrnehmung von Betäubungsmittelgerüchen durch die Zeugen und Verständigung der Polizei ein Richter hätte angerufen und mit einem Durchsuchungsantrag befasst werden können. Das dies unterblieben ist, musste es so kommen, dass beim Öffnen der Tür naturgemäß der Geruch verstärkt nach außen drang und sich insoweit der Straftatverdacht bei den Beamten verdichtete, dass sie zum sofortigen Handeln gezwungen waren.

In diesem Moment konnte kein Richter mehr erfolgversprechend erreicht werden. Dieser Umstand ist allerdings durch bewusstes und jedenfalls unter schwerwiegender Verkennung des Richtervorbehalts erfolgtem Herbeiführen dieser Situation entstanden. Gefahr im Verzug ist letztlich nur dadurch eingetreten, dass die P und R zu lange zugewartet haben und damit selbst die Gefahr eines Beweismittelverlustes geschaffen haben. Damit ist aber die Regelzuständigkeit des Richters (§ 105 I StPO) unterlaufen, weshalb die Durchsuchungsmaßnahme rechtswidrig ist.

2. Rechtliche Gefahren bei Rechtswidrigkeit der Durchsuchung?

Im deutschen Strafprozessrecht gibt es keinen Grundsatz, dass die Rechtswidrigkeit der Durchsuchung zwingend auch ein Verwertungsverbot der aus ihr gewonnenen Beweismittel im weiteren Verfahren zur Folge hat.

Ein Beweisverwertungsverbot ist bisweilen eher die Ausnahme, die allerdings in den letzten Jahren durch die Rechtsprechung sowohl des BVerfG als auch des BGH einige Aufwertungen erfahren hat.

Im Wege einer Abwägung mit einer funktionstüchtigen Strafrechtspflege, die sogar einen verfassungsrechtlichen Rang (aus Art. 20 III GG) einnimmt, und der Wahrheitsforschung vor Gericht sind es in jüngerer Zeit drei Aspekte, die ausnahmsweise – und bei ihrem Vorliegen dann schon regelmäßig (!) – ein strafprozessuales Beweisverwertungsverbot der bei einer rechtswidrigen Durchsuchung aufgefundenen Beweismittel nach sich ziehen:

Es sind schwerwiegende, bewusste oder willkürliche Verfahrensverstöße festzustellen, bei denen die grundrechtlichen Sicherungen planmäßig oder systematisch außer Acht gelassen werden.[15] Einer rechtsstaatlich ausgebildeten und handelnden Polizei sollte dies im Anwendungsbereich des § 105 StPO niemals vorzuwerfen sein!

Bei vorsätzlicher Verletzung oder – wie hier im Fall anzunehmen ist – schwerwiegender Verkennung des Richtervorbehalts wird ebenso ein Verwertungsverbot angenommen, ohne dass dem Umstand eine

15 BGH, Urt. v. 6.10.2016 – 2 StR 46/15, abgedruckt in BGHSt 61, 266.

Bedeutung zugesprochen wird, dass eine richterliche Anordnung – bei hypothetisch rechtmäßigen Ermittlungsverlauf – mit hoher Wahrscheinlichkeit angeordnet worden wäre.[16]

Bei fehlenden nächtlichen Richterbereitschaftsdiensten ist es nach einer neueren Entscheidung des BVerfG sogar die Pflicht aller staatlicher Institutionen, auf einen verfassungsrechtlich gebotenen Grundrechtsschutz bei Durchsuchungen gemäß Art. 13 II GG hinzuwirken und die Voraussetzungen für eine tatsächlich wirksame präventive richterliche Kontrolle zu schaffen.[17] Das gebietet eine polizeilich enge Zusammenarbeit mit den Gerichten, um im Bedarfsfalle auf die Einrichtung nächtlicher Bereitschaftsdienste „über den Ausnahmefall von nächtlichen Durchsuchungen hinaus" hinzuwirken, d.h. etwa bei signifikant hohen Durchsuchungsanordnungen in Großstädten, die Grenznähe eines Gerichtsbezirks, ein polizeibekannter Kriminalitätsschwerpunkt oder die zeitlich begrenzte Dauer eines Großereignisses. Unterbleibt dies, droht ein Verwertungsverbot derjenigen Beweismittel, die bei einer – wegen rechtsstaatswidrig nicht eingerichtetem nächtlichen Bereitschaftsdienst – auf Gefahr im Verzug gestützten staatsanwaltschaftlichen oder polizeilichen Durchsuchung aufgefunden und zu Beweisen erhoben werden.

---

16 BGH, Beschl. v. 21.4.2016 – 2 StR 294/15, abgedruckt in NStZ-RR 2018, 131.

17 BVerfG, Beschl. v. 12.3.2019 – 2 BvR 675/14, abgedruckt in NJW 2019, 1428.

Fall 15:
Durchsuchung des Verdächtigen; hier: Durchsuchung des Mundraumes, § 102 StPO

Sachverhalt[18]

Durch Polizeibeamte wird die im Wesentlichen von Schwarzafrikanern bestimmte Drogenszene auf dem X-Platz observiert. Dabei fällt den Beamten auch der A auf, der als Kleindealer bekannt und schon mehrfach einschlägig vorbestraft ist. A scheint verschiedene Geschäfte mit Rauschgiftkonsumenten zu tätigen. Nach einiger Zeit werden von uniformierten Beamten Personenkontrollen durchgeführt, der sich mehrere Schwarzafrikaner durch Flucht entziehen. An den A tritt der zivil gekleidete Kriminalbeamte K – Ermittlungsperson der Staatsanwaltschaft – heran, weil er aufgrund der bei der Observation gemachten Beobachtungen den Verdacht hat, dass der A – wie in der dortigen Drogenszene üblich – Kügelchen mit dem Betäubungsmittel „Crack" zu Handelszwecken im Mund aufbewahrt. K weist sich verbal und durch Vorzeigen der Dienstmarke als Polizeibeamter aus und fordert den A nach ordnungsgemäßem Vorhalt auf, den Mund zu öffnen. Dieser kommt der Aufforderung nicht nach, sondern beginnt mit Schluckbewegungen. Daraufhin fasst der in Durchsuchungs- und Festnahmetechniken gut ausgebildete K mit einer gezielten Bewegung an den Hals des A, um ein Herunterschlucken zu verhindern. Dagegen wehrt sich der A. Ein gewaltsames Öffnen des Mundes von A zeigt keinen Erfolg. Auch im Übrigen bleibt die Durchsuchung erfolglos.

War die Durchsuchung rechtmäßig?

Vorüberlegungen

Fraglich ist hier, ob die Durchsuchung des Mundraumes und der zu diesem Zweck durchgeführte unmittelbare Zwang eine Maßnahme gem. § 102 StPO oder gem. § 81a StPO darstellt. Wäre die Durchsuchung nämlich als „Eingriff" i.S.d. § 81a StPO zu qualifizieren, hätte sie nur durch einen Arzt vorgenommen werden dürfen. In einem

18 Sachverhalt nach OLG Celle, NJW 97, 2463.

Gutachten ist zwischen beiden Normen abzugrenzen. Zudem muss zur Rechtmäßigkeit der Anwendung des unmittelbaren Zwanges Stellung genommen werden.

Gliederung

Rechtmäßigkeit der Durchsuchung gem. § 102 StPO

1. Anordnungsvoraussetzungen
   - Verdacht einer Straftat +
   - Betroffener ist Verdächtiger +
   - Durchsuchung der Person +
   - Auffindungsvermutung +
   - Verhältnismäßigkeit +
2. Anordnungskompetenz gem. § 105 I StPO
   - hier: Staatsanwaltschaft und ihre Ermittlungspersonen +
   - Gefahr im Verzug +
3. Form- und Durchführungsvorschriften

   Problem: Anwendung unmittelbaren Zwanges
   - Art und Umfang +
   - Verhältnismäßigkeit +
   - vorherige Androhung +

Gutachten

Rechtmäßigkeit der Durchsuchung gem. §§ 102 ff. StPO

Die von den Beamten vorgenommene Durchsuchung könnte gem. § 102 StPO gerechtfertigt sein.

1. Anordnungsvoraussetzungen

Die Durchsuchung von A ist dann als zulässig anzusehen, wenn er Tatverdächtiger war und wenn die Vermutung bestand, bei einer Durchsuchung könne ein Beweisgegenstand gefunden werden.

Tatverdächtiger ist derjenige, gegen den sich als Täter ein einfacher Tatverdacht i.S.d. § 152 II StPO richtet. Es müssen also zureichende tatsächliche Anhaltspunkte für eine verfolgbare Straftat vorliegen, wobei jedoch die bloße *Möglichkeit* einer strafgerichtlichen Verurteilung ausreicht.

Im vorliegenden Fall haben die Polizeibeamten aufgrund der Observation Verdacht gegen A geschöpft, Täter eines Verstoßes gegen das Betäubungsmittelgesetz zu sein. Zudem ist A den Beamten einschlägig bekannt und auch wegen entsprechender Delikte bereits vorbestraft. Es erscheint aufgrund der bisher vorliegenden Ermittlungsergebnisse nicht ausgeschlossen, dass der A auch erneut wegen einer solchen Tat verurteilt werden wird. Zudem verhält sich der A, nachdem er von K angesprochen wird, auffällig: er macht Schluckbewegungen. K musste sich hier der Verdacht aufdrängen, dass A Rauschmittel im Mund hatte, das er nunmehr zum Zwecke der Beweismittelbeseitigung verschlucken wollte. Es lagen also zureichende tatsächliche Anhaltspunkte für eine *verfolgbare Straftat* i.S.d. § 152 II StPO vor. Dieser einfache Tatverdacht richtet sich auch gegen den A.

§ 102 StPO erlaubt die *Durchsuchung der Person des Verdächtigen.* Dabei bedeutet die Durchsuchung der Person das Suchen nach Sachen in oder unter der Kleidung, auch auf der Körperoberfläche und in natürlichen Körperöffnungen, die ohne Eingriff mit medizinischen Hilfsmitteln einzusehen sind. Eine weitergehende Untersuchung des Körpers eines Verdächtigen, die den Einsatz medizinischer Mittel erforderlich macht, ist nicht mehr von § 102 StPO gedeckt, sondern fällt in den Anwendungsbereich des § 81a StPO. Hier soll nach Gegenständen gesucht werden, die der A im Mund tragen könnte. Die Öffnung und Durchsuchung des Mundraumes bedarf keines medizinischen Eingriffs.

Schließlich setzt eine Durchsuchung gem. § 102 StPO die Vermutung voraus, dass sie zum *Auffinden von Beweismitteln* führen würde. Hier genügt die allgemeine kriminalistische Erfahrung, eine derartige Durchsuchung würde zum Erfolg führen. Letzteres ist regelmäßig nur dann nicht der Fall, wenn nach der Lage der Dinge mit Sicherheit das Vorliegen von Beweismitteln ausgeschlossen werden kann.

Die kriminalistische Erfahrung zeigt, dass Kleindealer oft Rauschgift zu Handelszwecken im Mund aufbewahren. Zudem konnten die Beamten aufgrund der Beobachtungen diesen Verdacht erhärten. Die Polizeibeamten durften also davon ausgehen, dass wichtige Beweisstücke bei A, insbesondere in seinem Mund, zu finden sein würden.

Die Durchsuchung müsste auch *verhältnismäßig*, also geeignet, erforderlich und angemessen, gewesen sein.

Geeignet ist eine Maßnahme, wenn durch sie das angestrebte Ziel erreicht werden kann. Durch die Durchsuchung könnten die genannten Beweismittel gefunden werden.

Erforderlich ist eine Maßnahme, wenn sie das mildeste Mittel ist. Hier hätte es ein milderes Mittel gegeben: Die Polizeibeamten hätten den Betroffenen auffordern können, die vermuteten Beweismittel herauszugeben. Hätte er dies getan, hätte es keinen Grund mehr gegeben, seine Person zu durchsuchen. Hier wird der A mit den Geschehnissen konfrontiert. Ihm wird laut Sachverhalt ein entsprechender Vorhalt gemacht. Der A weigert sich, zu kooperieren. Er verhält sich so, als wolle er Beweismittel vernichten. Es war also davon auszugehen, dass er nicht bereit war, die geforderten Beweismittel auszuhändigen. Die Maßnahme war also auch erforderlich.

Sie müsste auch angemessen gewesen sein. Dies ist dann der Fall, wenn das verletzte Rechtsgut des Betroffenen nicht in krassem Missverhältnis zum Strafverfolgungsinteresse des Staates steht. Hier geht es um die Aufklärung und Ahndung von Verstößen gegen das Betäubungsmittelgesetz. Demgegenüber steht das allgemeine Persönlichkeitsrecht des A. Angesichts des Tatvorwurfs wiegt das Interesse des Staates, also der Allgemeinheit, an der Durchführung der Maßnahme schwerer als die Rechtsgutverletzung des A.

Die Maßnahme war auch verhältnismäßig.

Die Voraussetzungen für eine Durchsuchung gem. § 102 StPO waren also gegeben.

2. Anordnungskompetenz

Die Durchsuchung müsste ordnungsgemäß angeordnet worden sein. Die Anordnungsbefugnis einer Durchsuchung liegt grundsätzlich beim Richter, § 105 I StPO. Jedoch können ausnahmsweise auch die *Staatsanwaltschaft und ihre Ermittlungspersonen* die Durchsuchung anordnen, wenn Gefahr im Verzug vorliegt.

Im Sachverhalt wird K als Ermittlungsperson der Staatsanwaltschaft gem. § 152 GVG bezeichnet.

Es müsste auch *Gefahr im Verzug* vorgelegen haben. Dies ist dann zu bejahen, wenn wegen der durch die richterliche Anordnung bedingten Verzögerung das Auffinden von Beweisstücken oder das Ergreifen des Verdächtigen vereitelt oder doch erheblich erschwert würde. Hier liegt der Verdacht eines Rauschgiftdeliktes vor. Es ist damit zu rechnen, dass der Verdächtige versuchen wird, sich durch Flucht dem drohenden Strafverfahren zu entziehen. Gleichfalls ist die Gefahr groß, dass der Verdächtige das ihn belastende Beweismaterial beseitigen wird.

Die Gefahr im Verzug ist zu bejahen.

3. Form- und Durchführungsvorschriften

Die ordnungsgemäße Durchführung einer Durchsuchung gem. § 102 StPO setzt ferner das Beachten verschiedener Formvorschriften voraus. Verstöße sind hier nicht ersichtlich, insbesondere hat sich der K ordnungsgemäß ausgewiesen und einen entsprechenden Vorhalt gemacht.

Fraglich ist weiter, ob die Durchsuchung unter *Anwendung unmittelbaren Zwanges* vorgenommen werden durfte. Grundsätzlich darf Zwang nur dann angeordnet werden, wenn die StPO dies zulässt. Dabei kann sich die Zulässigkeit auch aus dem Sinn und Zweck der durchzusetzenden Anordnung ergeben. Bei der Personendurchsuchung darf körperlicher Zwang dann angewandt werden, falls er geboten ist, insbesondere also dann, wenn konkrete Verdunkelungsmaßnahmen drohen. Die *rechtmäßige Anordnung* der Durchsuchung berechtigt also dazu, diese auch mit Zwangsmaßnahmen durchzusetzen. Über die *zulässigen Zwangsmittel der Polizei* enthält die StPO keine Regelung. Hier ist daher gem. Art. 74 Nr. 1, 72 I GG Raum für ergänzende landesrechtliche Vorschriften, insbesondere der Polizeigesetze[19].

Da niemand gezwungen werden kann, an seiner eigenen Überführung mitzuwirken, muss der A an seiner Durchsuchung zwar nicht mitwirken, er muss sie aber dulden. Hier hätte er also eine Besichtigung seines Mundraumes hinnehmen müssen. Tut er das nicht, darf unmittelbarer Zwang zur Durchsetzung der Durchsuchung angewandt werden. Hier kommen andere Zwangsmittel als unmittelbarer Zwang nicht in Betracht, § 52 I HSOG.

19 Beispielhaft hier das Hessische Gesetz über die öffentliche Sicherheit und Ordnung, HSOG.

K könnte hier durch *körperliche Gewalt* auf eine Person eingewirkt haben, § 55 HSOG. Dabei ist körperliche Gewalt jede unmittelbare körperliche Einwirkung auf eine Person, § 55 II HSOG.

Zunächst fasst der K dem A mit einem gezielten Griff an den Hals, um ein Verschlucken von gesuchtem Beweismaterial zu verhindern. Dies stellt die Anwendung von körperlichem Zwang gegen den A dar. Dies ist grundsätzlich zulässig, da sonst der Durchsuchungszweck gefährdet worden wäre. Darüber hinaus durfte der A auch gezwungen werden, den Mund zu öffnen und einen gesuchten Gegenstand auszuspucken.

Fraglich ist, ob der gezielte Griff des K an den Hals des A auch *verhältnismäßig* war. Grundsätzlich ist ein solcher Griff geeignet, das Verschlucken von Gegenständen zu verhindern. Er ist auch erforderlich, denn ein milderes Mittel kommt nicht in Betracht. Fraglich ist, ob er auch angemessen ist. Zweifel könnten hier allenfalls entstehen, wenn das Zwangsmittel den A unangemessen beeinträchtigen würde oder er sogar verletzt würde. Laut Sachverhalt ist K in der Anwendung solcher Techniken gut ausgebildet. Dies minimiert das Risiko des A, unangemessen beeinträchtigt oder gar verletzt zu werden. Da es hier um das Auffinden von Beweismitteln bei einem Verstoß gegen das Betäubungsmittelgesetz geht und der A zudem Wiederholungstäter ist, ist die Anwendung des Griffes an den Hals nicht unangemessen.

Die Anwendung unmittelbaren Zwangs war auch verhältnismäßig.

Fraglich ist, ob der unmittelbare Zwang zuvor gem. § 58 I HSOG hätte *angedroht* werden müssen. Davon kann nur abgesehen werden, wenn die Umstände die Androhung nicht zulassen, § 58 I 2 HSOG. Dies musste K nach pflichtgemäßem Ermessen prüfen. Hätte K hier den unmittelbaren Zwang angedroht, hätte er wertvolle Zeit verloren, das Beweismittel, das er gerade sichern wollte, doch zu verlieren. A hätte nämlich dann in Ruhe die vermuteten Crack-Kügelchen schlucken können. Dann hätte auch das Zwangsmittel nicht mehr zum Erfolg verhelfen können. K durfte also auf die Androhung des unmittelbaren Zwanges verzichten.

Die Anwendung des Griffes an den Hals war rechtmäßig.

Die von K vorgenommene Durchsuchung war insgesamt rechtmäßig.

Fall 16: Durchsuchung beim Verdächtigen und anderen Personen, Störung von Amtshandlung, §§ 102 ff., § 164 StPO

Sachverhalt

An einem Sonntagnachmittag gegen 16.00 im Sommer wird die Polizei von H ins örtliche Freibad gerufen. Sein Handy und sein Geldbeutel mit Karten, Ausweisen und € 150 seien aus seiner Tasche an seinem Platz entwendet worden. Er habe den Täter, einen jungen Mann in grüner Badehose, zufällig beobachtet, sei ihm unbemerkt gefolgt und habe gesehen, dass dieser zu einem Platz aus mehreren Handtüchern gegangen sei und dort das Handy und den Geldbeutel in eine rote Tasche mit weißen Punkten gesteckt habe. Dieser Vorfall liege etwa 10 Minuten zurück.

Die Polizei erscheint wenige Minuten später und trifft in Begleitung von H, den jungen Mann in grüner Badehose, B, zusammen mit zwei weiteren jungen Männern und drei jungen Frauen an dem Platz an.

Die Polizei eröffnet B den Tatvorwurf des Diebstahls von Handy und Geldbeutel und bittet ihn, sich auszuweisen. B übergibt den Beamten daraufhin seinen Ausweis, den er aus einem blauen Rucksack zieht. Sodann richten die Beamten an die Gruppe die Frage, wem die rote Tasche gehöre. Eine der Damen, J, meldet sich.

Die Beamten wollen in den blauen Rucksack und die rote Tasche schauen, da darin die Beute abgelegt worden sein soll, wie sie erläutern. Auf Nachfrage erklären sowohl B als auch J, dass sie damit nicht einverstanden sind und jetzt gehen wollen.

Können die Beamten die Maßnahmen durchführen? Was haben sie zu beachten?

J setzt sich demonstrativ auf ihre Tasche, um deren Durchsuchung zu verhindern. Die vier weiteren Personen aus der Badegruppe bleiben demonstrativ neben J stehen und erklären den Beamten lauthals, dass sie deren Ansinnen vollkommen überzogen finden und J gefälligst in Ruhe lassen sollen. Die lautstarken Beschwerden ziehen weitere Badegäste als Schaulustige an.

Wie können die Beamten ihre Maßnahme durchführen?

Vorüberlegung

Die Durchsuchung gehört zu den standardmäßigen Ermittlungshandlungen. Durchsuchungen nach der StPO sind zulässig nach §§ 102 ff., aber auch im Rahmen von § 163b StPO und im Rahmen einer Ringfahndung nach § 111 StPO.

Gliederung

1. Durchsuchung nach § 163b StPO
   - 1.1 Anfangsverdacht +
   - 1.2 Möglichkeit der Durchsuchung –
2. Durchsuchung nach § 102 StPO
   - 2.1 Anordnungsvoraussetzungen
     - 2.1.1 Anfangsverdacht
     - 2.1.2 Durchsuchungsobjekte
     - 2.1.3 Auffindevermutung +
     - 2.1.4 Verhältnismäßigkeit +
   - 2.2 Anordnungskompetenz
     - 2.2.1 Richtervorbehalt +
     - 2.2.2 Gefahr in Verzug +
   - 2.3 Form- und Durchführungsvorschriften § 104 ff. StPO +
3. Durchsuchung nach § 103 StPO
   - 3.1 Anordnungsvoraussetzungen
     - 3.1.1 Anfangsverdacht +
     - 3.1.2 Durchsuchungsobjekte +
     - 3.1.3 Auf Tatsachen basierende Auffindevermutung +
     - 3.1.4 Verhältnismäßigkeit +
   - 3.2 Anordnungskompetenz +
   - 3.3 Form- und Durchführungsvorschriften §§ 104 ff. StPO +
   - 3.4 Durchsetzung der Maßnahme +
4. Maßnahmen nach § 164 StPO +

Gutachten

1. Durchsuchung nach § 163b StPO

1.1 Anfangsverdacht

§ 163b StPO setzt wie der weit überwiegende Teil der Maßnahmen nach der StPO einen Anfangsverdacht einer Straftat im Sinne von § 152 II StPO voraus. Aufgrund der Anzeige des H besteht ein auf konkreten Tatsachen beruhender Verdacht des Diebstahls nach § 242 StGB gegen B.

1.2 Möglichkeit der Durchsuchung

§ 163b I 2 StPO erlaubt zwar die Dursuchung des Beschuldigten und seiner Sachen, jedoch nur soweit diese zum Zwecke der Identitätsfeststellung erforderlich ist.

B ist Beschuldigter, wie sich aus der Tatsache ergibt, dass die Beamten ihm nach § 163b I 1 HS. 2 i.V.m. § 163a IV 1 StPO den gegen ihn erhobenen Tatvorwurf bekannt geben und seine Identität klären wollen. Da B jedoch seinen Ausweis freiwillig übergibt und an dessen Echtheit keine Zweifel bestehen, scheidet eine Durchsuchung nach § 163b I 3 StPO seines blauen Rucksacks aus.

Eine Durchsuchung von Unverdächtigen, deren Identität nach § 163b II StPO geklärt werden soll, ist gemäß § 163b II 3 HS. 2 StPO gegen deren Willen nicht gestattet. J gibt zwar an, Besitzerin der Tasche zu sein, konkrete Anhaltspunkte, dass sie an dem Diebstahl beteiligt sein könnte, gibt es jedoch nicht. Sie ist damit Unverdächtige. Selbst wenn ihre Identität nicht problemlos zu klären wäre, käme dennoch eine Durchsuchung ihrer Tasche nicht in Betracht, da sie mit dieser nicht einverstanden ist.

2. Durchsuchung nach § 102 StPO

In Betracht kommt eine Durchsuchung nach § 102 StPO.

2.1 Anordnungsvoraussetzungen

2.1.1 Anfangsverdacht

§ 102 StPO erfordert einen Anfangsverdacht für eine Straftat, die jedoch weder erheblich sein muss noch einen bestimmten Katalog angehören muss. Ein solcher liegt mit dem Anfangsverdacht für einen Diebstahl vor.

2.1.2 Durchsuchungsobjekte

§ 102 StPO gestattet die Durchsuchung des Beschuldigten selbst, seiner mitgeführten Sachen sowie seiner Wohnung. Aktuell steht hier lediglich eine Durchsuchung eines Rucksackes und einer Tasche im Raum. Der Rucksack gehört dem Beschuldigten und kann daher nach § 102 StPO durchsucht werden. Die rote Tasche dagegen gehört ihm nicht. Die Durchsuchung der Person des Beschuldigten in Badekleidung erübrigt sich bei dem konkret vorliegenden Vorwurf des Diebstahles eines Handys und eines Geldbeutels.

2.1.3 Auffindevermutung

Die Durchsuchung des Rucksacks dient dem Auffinden von möglicher Diebesbeute, die dann als Beweismittel gemäß § 94 StPO dient. Es besteht zumindest eine Vermutung, dass sich – weitere – Diebesbeute im Rucksack des B befindet.

2.1.4 Verhältnismäßigkeit

Die Maßnahme muss verhältnismäßig im Sinne von geeignet, erforderlich und angemessen sein.

Die Durchsuchung der Sachen eines des Diebstahls Beschuldigten ist geeignet, Beute aufzufinden.

Bislang gibt es jedoch nur eine Aussage zu einer Beute, die in einer Tasche mit roten Punkten gesichert wurde. Insofern könnte im ersten Schritt lediglich deren Sichtung erforderlich sein. Da jedoch zwischen dem Verstauen der Beute in der Tasche mit den roten Punkten und dem Eintreffen der Polizei einige Minuten verstrichen sind, in denen der Beschuldigte ohne weiteres die Beute umgepackt haben kann, ist eine Durchsuchung des Rucksacks in jedem Fall erforderlich. Denn werden Handy und Geldbeutel in der Tasche mit den roten Punkten nicht gefunden, sind sie es eventuell in den Rucksack umgepackt. Werden Handy und Geldbeutel in der Tasche gefunden, ist nach weiterem Diebesgut im Rucksack zu suchen.

Die Durchsuchung eines Rucksacks ist eine relativ geringe Form einer Durchsuchung und steht zum Vorwurf eines Diebstahls und der Stärke des ihn begründeten Tatverdachts in einem angemessenen Verhältnis.

2.2 *Anordnungskompetenz*

2.2.1 *Richtervorbehalt*

Gemäß § 105 I 1 StPO dürfen Durchsuchung grundsätzlich nur durch den Richter angeordnet werden. Nur bei Gefahr in Verzuge sind auch die Staatsanwaltschaft und ihre Ermittlungspersonen anordnungsbefugt. Gefahr im Verzug besteht, wenn die richterliche Anordnung nicht eingeholt werden kann, ohne dass der Zweck der Maßnahme gefährdet wird. Da Sonntagnachmittag ist, ist ein Beschluss nur über den richterlichen Bereitschaftsdienst zu erreichen. Ein Telefonat mit dem Richter nimmt ein paar Minuten Zeit in Anspruch.

2.2.2 *Gefahr in Verzug*

B hatte allerdings erklärt, er sei mit einer Durchsuchung nicht einverstanden und wolle umgehend gehen. Würden die Beamten sich in dieser Situation bemühen, eine gerichtliche Anordnung der Durchsuchung zu erhalten, bestünde auch in diesen wenigen Minuten eines Telefonats die Gefahr, dass B sich mit dem Rucksack entfernt. Ob B sich darauf einlässt zu warten, bis ein richterlicher Beschluss eingeholt ist, ist ungewiss, selbst wenn er es zusagen sollte. Der Durchsuchungszweck wäre durch die Verzögerung, welche die Anrufung des Richters mit sich bringen würde, also gefährdet. Damit konnten die Beamten die Durchsuchung selbst anordnen, haben dabei allerdings B den Grund der Durchsuchung mündlich zu erklären.

2.3 Form- und Durchführungsvorschriften § 104 ff. StPO

Da es Nachmittag ist, liegt eine Durchsuchung zur Nachtzeit im Sinne des § 104 StPO liegt nicht vor. Die Pflicht nach § 105 II StPO, Gemeindebeamte als Zeugen hinzuzuziehen, gilt nur für die Durchsuchung von Räumlichkeiten bzw. eines befriedeten Besitztums, so dass es auf die weitere Frage, ob wegen der besonderen Eilbedürftigkeit der Maßnahme, darauf verzichtet werden kann, nicht ankommt. Zu beachten ist allerdings das Anwesenheitsrecht nach § 106 I StPO, so dass die Beamten den Rucksack vor den Augen des B zu durchsuchen haben. Nach § 107 StPO haben die Beamten nach der Durchsuchung, eine Bescheinigung über die Durchsuchung auszustellen, die deren Grund und die zugrundeliegende Straftat angibt, falls B dies verlangen sollte.

3. Durchsuchung nach § 103 StPO

Wie oben festgestellt, ist die Durchsuchung der Tasche nicht von § 102 StPO gedeckt, da es sich insoweit um Sachen einer Nichtverdächtigen handelt. In Betracht kommt jedoch eine Durchsuchung nach § 103 I 1 StPO, nicht jedoch nach § 103 I 2 oder II StPO.

3.1 Anordnungsvoraussetzungen

3.1.1 Anfangsverdacht

Der auch für eine Durchsuchung nach § 103 I 1 StPO erforderliche Anfangsverdacht für eine Straftat liegt vor.

3.1.2 Durchsuchungsobjekte

§ 103 I 1 StPO gestattet über seinen Wortlaut hinaus nicht nur die Durchsuchung von Räumlichkeiten von Nichtverdächtigen, sondern auch deren Person und Sachen. Hier soll die Tasche von J, die selbst weder tat- noch teilnahmeverdächtig ist, durchsucht werden.

3.1.3 Auf Tatsachen basierende Auffindevermutung

Die Voraussetzungen sind enger als bei der Durchsuchungsmaßnahme nach § 102 StPO. § 103 I 1 StPO gestattet die Durchsuchung „zur

Ergreifung des Beschuldigten", „zur Verfolgung von Spuren" oder „zur Beschlagnahme bestimmter Gegenstände" und ist „nur dann zulässig, wenn Tatsachen vorliegen, aus denen zu schließen ist, dass die gesuchte Person, Spur oder Sache sich in den zu durchsuchenden Räumen befindet".

Gesucht werden darf nur nach „bestimmten" Gegenständen. Hier soll nach dem Handy und dem Geldbeutel des H gesucht werden. Darüber hinaus müssen bestimmte Tatsachen vorliegen, aus denen geschlossen werden kann, dass sich der gesuchte Gegenstand in der zu durchsuchenden Sache befindet. Die Aussagen des H ist eine Tatsache, die den Schluss zulässt, dass sich die Beute in der roten Tasche befindet.

3.1.4 Verhältnismäßigkeit

Der Verhältnismäßigkeit kommt vor allem bei der Durchsuchung bei Nichtverdächtigen besondere Bedeutung zu. Die Maßnahme muss geeignet, erforderlich und angemessen sein.

Die Durchsuchung der Tasche ist geeignet, denn sie kann zur Auffindung von Handy und Geldbeute als Diebesbeute führen. Die Maßnahme ist allerdings erst dann erforderlich, wenn zunächst der Rucksack des B, der, wie oben bereits beschrieben, in jedem Fall zu durchsuchen ist, erfolglos nach Handy und Geldbeutel durchsucht ist. Im Übrigen muss der Unverdächtige zunächst aufgefordert werden, die gesuchten Gegenstände freiwillig herauszugeben. Dies sollten die Beamten beachten, bevor sie zur Durchsuchung der Tasche von J schreiten.

J war über den Grund der Suche informiert, sollte sie nach erfolgloser Suche nach Handy und Geldbeutel im blauen Rucksack nicht freiwillig, die Sachen in ihrer Tasche suchen und gegebenenfalls herausgeben, ist die Durchsuchung auch angemessenen.

3.2 Anordnungskompetenz

Hier gilt das oben Gesagte entsprechend, da auch J mit einer Durchsuchung nicht einverstanden ist und erklärt, umgehende gehen zu wollen.

3.3 Durchführungsvorschriften

Hier gilt ebenfalls das oben Gesagte.

3.4 Durchsetzung der Maßnahme

Die StPO enthält keine ausdrückliche Regelung über die Anwendung unmittelbaren Zwangs zur Durchsetzung einer Maßnahme. Anerkannt ist jedoch, dass die Eingriffsnormen so auszulegen sind, dass sie konkludent auch zu den Vorbereitungs- und Begleitmaßnahmen berechtigen, die mit der Durchführung der Maßnahme unerlässlich verbunden sind. Das heißt, die Anordnung der Durchsuchung berechtigt auch dazu, diese erforderlichenfalls auch mit Zwang durchzusetzen. Die Landespolizeigesetze sind insofern nicht einschlägig.

„Bei der Anwendung von unmittelbarem Zwang gegen von Durchsuchungsmaßnahmen Betroffene ist Zurückhaltung geboten. Sie ist grundsätzlich nur in dem Maß zulässig, in dem dies notwendig ist, um eine andernfalls konkret zu befürchtende Beeinträchtigung oder Vereitelung des Zwecks der Durchsuchung zu verhindern."[20]

Von § 103 I 1 StPO umfasst ist daher die Anwendung unmittelbaren Zwangs jedenfalls in der Form, die J zur Herausgabe der Tasche aufzufordern, ihr die zwangsweise Wegnahme anzudrohen und diese dann auch durchzusetzen. Die Wegnahme dient unmittelbar dem Zugang zu der zu durchsuchenden Sache.

§ 164 StPO scheidet insofern als Ermächtigungsgrundlage aus, weil sich die Ermächtigung zur Wegnahme der Tasche als direkte Umsetzungsmaßnahme bereits aus § 103 I 1 StPO ergibt.

4. Maßnahmen nach § 164 StPO

Weitere Maßnahmen gegen die vier weiteren Personen aus der Badegruppe, aber auch andere Schaulustiger, die stören, können nach § 164 StPO ergriffen werden.

§ 164 StPO beschreibt das amtliche Selbsthilferecht bei allen zulässigen Amtshandlungen strafprozessualer Art gegen Störungen Dritter

20 BGH, Beschl. vom 11.10.2018 – 5 BGs 48/17, StraFo 2019, 66.

bei Ausübung dieser Amtshandlungen. Die Durchsuchung nach § 103 I 1 StPO ist eine Amtshandlung, die, wie bereits dargelegt wurde, zulässig und rechtmäßig ist.

Die Vorschrift ermächtigt dazu, Störer festnehmen und festhalten zu lassen. Diese Mittel dürfen aber erst dann eingesetzt werden, wenn die Störung nicht auf andere Weise und mit weniger einschneidenden Mitteln beseitigt werden kann. Das heißt, zunächst müssen die Störer weggeschickt und um Ruhe gebeten, entsprechende belehrt und ihnen die Festnahme angedroht werden.

Fall 17:
Durchsuchung beim Nichtverdächtigen, § 103 StPO

Sachverhalt[21]

Nach einem frühdezemberlichen Sonntagsspiel der 2. Fußballbundesliga zwischen Darmstadt 98 und Jahn Regensburg treffen im Verlauf des Nachmittags Anhänger beider Fanlager aufeinander. Hierbei werden vier Stadionbesucher aus Regensburg aus einer größeren Gruppe heraus von vier oder fünf Anhängern des gastgebenden Vereins körperlich attackiert und in der Folge Fanutensilien wie Schals und Fahnen entwendet. Verletzt wird allerdings niemand.

Polizeibekannt ist die Tatsache, dass ein anerkanntes Fanprojekt, eine seit Jahren arbeitende soziale Einrichtung zur Begleitung vor allem jugendlicher Fans, am heutigen Abend zur Weihnachtsfeier eingeladen hat. Angesichts der räumlichen Nähe dieser Örtlichkeit zum Tatort und durch zeugenschaftliche Befragungen ergibt sich für die KriPo-Beamten der Verdacht, dass sich die Tatverdächtigen dort aufhalten könnten.

Bei der – richterlich angeordneten – Durchsuchung der Räume des Treffpunkts der Darmstädter Fanszene nebst Hinzuziehung eines Gemeindezeugen werden sämtliche, anwesenden Personen kontrolliert, aber die als gestohlen beschriebenen Fanutensilien nicht aufgefunden.

War die Durchsuchung rechtmäßig?

Vorüberlegungen

Der Tatnachweis in einem Ermittlungsverfahren gelingt nicht selten auch durch Beweiserhebungsmaßnahmen bei (zunächst noch) Nichtverdächtigen. Die Strafprozessordnung gestattet bei ihnen nicht nur Personendurchsuchungen, sondern – unter einfachgesetzlicher Abwägung mit Art. 13 GG und daher auch – unter engen Voraussetzungen gleichfalls Wohnungsdurchsuchungen gem. § 103 StPO. Das Ver-

21 Der Sachverhalt ist einer Pressemitteilung der Polizei Darmstadt vom 3.12.2017 angelehnt („POL-DA: Fußballanhänger attackiert – Fanutensilien entwendet").

hältnis gegenüber der Durchsuchung nach § 102 StPO und die unterschiedlichen Anforderungen sind erheblich ausbildungs- und praxisrelevant.

Gliederung

Rechtmäßigkeit der Durchsuchung gem. § 103 ff. StPO

1. Anordnungsvoraussetzungen
   - Verdacht einer Straftat +
   - Betroffener ist unverdächtig +
   - Durchsuchungsobjekte +
   - Bestimmte Tatsachen für Ergreifungsdurchsuchung –
   - Bestimmte Tatsachen für Durchsuchung zur Verfolgung einer Spur –
   - Bestimmte Tatsachen für Durchsuchung zur Beschlagnahme bestimmter Gegenstände –
2. Keine Ergebniskorrektur angesichts beachteter richterlicher Anordnungskompetenz (§ 105 I StPO) und Form- und Durchführungsvorschriften (§ 105 II StPO)

Gutachten

Rechtmäßigkeit der Durchsuchung gem. § 103 ff. StPO

Die Durchsuchung der Räumlichkeiten des Treffpunktes der Fanszene könnte auf die §§ 103 ff. StPO gestützt sein.

1. Anordnungsvoraussetzungen

Als Grundlage für eine strafprozessuale Maßnahme müsste – wie bei § 102 StPO – ein *Anfangsverdacht*, d.h. zureichende tatsächliche Anhaltspunkte für das Vorliegen einer verfolgbaren Straftat (§ 152 II StPO) gegeben sein. Vorliegend stehen Diebstahls- bzw. Unterschlagungstaten an Fanutensilien wie Schals und Fahnen (§§ 242, 246 StGB) in Rede, die von Zeugen konkret und mit Bezug auf den

Verbleib in den Räumlichkeiten des Fantreffpunktes geschildert werden.

Die Maßnahme nach § 103 StPO darf sich jedoch nur gegen einen *unverdächtigen Betroffenen* richten. Als unverdächtig sind Personen anzusehen, bei denen keine Anhaltspunkte dafür bestehen, dass sie als Täter oder Teilnehmer einer Straftat in Betracht kommen.

Fraglich ist, ob die Betreiber des Treffpunktes bereits deshalb als Verdächtige gelten könnten, weil Zeugen bekundeten, dass sich die Tatverdächtigen womöglich in deren Räumlichkeiten aufhalten könnten. Als tatsächliche Anhaltspunkte für eigene Taten der Betreiber ist das gewiss nicht ausreichend. Aber auch einzig aus dem Umstand, dass sich eine tatverdächtige Person in den Räumlichkeiten eines Dritten finden könnte, kann ohne weitere hinzukommende, zureichende Anhaltspunkte nicht auf den Anfangsverdacht einer objektiv wie subjektiv tatbestandsmäßigen Strafvereitelung (§ 258 I StGB) geschlussfolgert werden. Dazu bedarf es etwa Hinweise darauf, dass in der sicheren Kenntnis strafbaren Handelns bewusst Unterschlupf gewährt wird oder den Verbleib betreffende Verschleierungshandlungen gegenüber Ermittlungsbehörden vorgenommen werden. Das scheidet vorliegend offensichtlich aus. Der oder die Betreiber als Inhaber der Räumlichkeiten sind daher als unverdächtige Betroffene anzusehen.

Relevante *Durchsuchungsobjekte* sind ausweislich des Sachverhaltes andere Räumlichkeiten als Wohnungen und auch die anwesenden Personen, welche vom Gesetzestext in 103 StPO ausdrücklich erfasst sind.

Hinsichtlich des gegenüber § 102 StPO im Wortlaut deutlich abweichenden *Durchsuchungszweckes* muss Folgendes beachtet werden:

Grundsätzlich muss zum Zwecke der Ergreifung des Beschuldigten (§ 103 I 1, Alt. 1 StPO) der Tatverdacht soweit konkretisiert sein, dass gegen den Verdächtigen, dessen Identität aber noch nicht feststehen braucht, Maßnahmen ergriffen worden sind, die ihn zum Beschuldigten machen. Es genügt, wenn die Anordnung der Durchsuchung die erste Maßnahme dieser Art ist. Im Sachverhalt mangelt es an der Kenntnis einer exakten Personenbeschreibung. Zwar können Zeugen zunächst relevante Hinweise auf mögliche Tatverdächtige und ihre vermeintliche gegenwärtige Position geben. Eine solche sog. *Ergreifungsdurchsuchung* zur Auffindung von Beschuldigten beim Unverdächtigen ist nur zulässig, wenn aus aufgrund solchen Zeugenbekundungen festgestellten Tatsachen auf seine Anwesenheit in dem zu durchsuchenden Raum geschlossen werden kann. Mit anderen Worten soll aus der Sicht der Ermittlungspersonen mehr für als gegen den momentanen Aufenthalt des Beschuldigten beim Unverdächtigen sprechen. Allein die örtliche Nähe des Tatortes zum Fanprojekt legt das nicht wirklich überzeugend nahe, denn danach stehen die vermeintlichen Zeugenhinweise darauf, die Verdächtigen könnten sich in Richtung der Einrichtung begeben haben, dem ebenso polizeibekannten Hinweis gegenüber, aktuell finde dort eine auf Einladung dieser Einrichtung abgehaltene Fan-Weihnachtsfeier statt.

Bei der zu erwartenden, unüberschaubaren Anzahl von Betroffenen – zumal im Anschluss eines Fußballspiels – ist der Durchsuchungserfolg eher als unwahrscheinlicher denn realistischer einzuschätzen.

Der Durchsuchungszweck könnte jedoch in der *Verfolgung von Spuren einer Straftat* (§ 103 I 1, Alt. 2 StPO) oder zur *Beschlagnahme bestimmter Gegenstände* (§ 103 I 1, Alt. 2 StPO) zu sehen sein. Voraussetzung ist hierfür, dass aufgrund *bestimmter bewiesener Tatsachen* – und nicht lediglich kriminalistischer Erfahrung, wie es § 102 StPO genügen lässt – die Annahme gerechtfertigt ist, dass die Durchsuchung zur Auffindung der gesuchten Spur oder des bestimmten Beweismittels führen wird. Die Durchsuchung beim Unverdächtigen gem. § 103 StPO erfährt also von Gesetzes wegen einen engeren Anwendungsbereich und eine höhere Eingriffsschwelle für Strafverfolgungsmaßnahmen als beim Verdächtigen. Bei genauer Betrachtung fehlt es aber im Sachverhalt an bewiesenen Tatsachen für den (möglichen) Verbleib der Fanutensilien in den Räumlichkeiten der Fanszene. Allein die örtliche Nähe des Tatorts zu den Örtlichkeiten des Fantreffpunkts und vagen Hinweisen auf nicht näher benannte Tatverdächtige, die sich auch noch unter das erwartet größere Publikum einer Weihnachtsfeier mischen, spricht zwar für einen aus kriminalistischer Erfahrung zu erwartenden Ermittlungserfolg, nicht aber für tatsachenfundierte Beweise, auf die es ankommt.

Die Anordnungsvoraussetzungen für die in § 103 StPO genannten Durchsuchungszwecke lagen mangels bestimmter Tatsachen nicht vor.

2. Keine Korrektur angesichts richterlicher Anordnungskompetenz und Beachtung von Form- und Durchführungsvorschriften

Entsprechend kommt es auch nicht darauf an, dass eine richterliche Anordnung gem. § 105 I StPO vorgelegen hat und auch die Hinzuziehung eines Durchsuchungszeugen gemäß § 105 II StPO beachtet wurde. Die zwar richterlich angeordnete, aber polizeilich vollzogene Durchsuchung war und bleibt mangels Vorliegens der Voraussetzungen der hier einzig gestattenden Eingriffsnorm des § 103 I StPO – rechtswidrig – und für die tätigen Polizeibeamten sicher straffrei.

Fall 18: Durchsuchung beim „tatverdächtigen“ Kind, §§ 102, 103, 111b StPO

Sachverhalt

Die beiden 10 und 11 Jahre alten Freundinnen Anna und Jenny haben ihr Taschengeld bereits ausgegeben, als sie den dringenden Wunsch haben, sich am Nachmittag gegenseitig zu schminken. Sie wissen, dass in der Parfümerie P ihre Lieblingsmarke vorrätig ist und beschließen, auszuprobieren, ob sie sich diese wohl auch ohne zu bezahlen verschaffen können. Beide fallen der Verkäuferin V auf, als sie – jede – Lippenstifte, Mascara, Nagellack und Make-up einer hochwertigen Marke einstecken. Vor dem Verlassen der Parfümerie werden sie gestellt. Anna gelingt es, herauszurennen und sich so dem Zugriff zu entziehen. Jenny, die sich zunächst weigert, die Personalien anzugeben oder die Schminkutensilien herauszugeben, wird schließlich von den hinzugezogenen Polizeibeamten zur Kooperation bewegt. Es stellt sich heraus, dass sie 2 Lippenstifte, Mascara sowie 2 Fläschchen Nagellack eingesteckt hat. Jenny teilt den Beamten auch Name, Alter und Anschrift von Anna mit. Diese habe ebenfalls einige Kosmetikartikel eingesteckt.

Daraufhin fahren die Polizeibeamten zu Anna nach Hause. Diese sowie ihre Mutter sind anwesend. Nach Darstellung des Sachverhalts verlangen die Beamten die Kosmetikartikel heraus. Als dies keinen Erfolg hat, wollen sie die Wohnung durchsuchen. Als sich Annas Mutter weigert, die Beamten einzulassen, ordnet der Streifenführer X, Ermittlungsperson der Staatsanwaltschaft, die Durchsuchung an. Dabei finden sie die noch originalverpackten Kosmetikartikel, auf deren Etikett neben dem Preis auch „Parfümerie P“ steht. Eine Kassenquittung oder Tüte finden sie nicht.

War die Durchsuchung rechtmäßig?

Vorüberlegungen

Gegen ein Kind – also eine Person, die gem. § 19 StGB als schuldunfähig gilt – kann ein Strafverfahren nicht durchgeführt werden. Ein Strafunmündiger kann also nie Verdächtiger i.S.d. Gesetzes sein. Ermittlungen, die im Zusammenhang mit einem kriminell handelnden Kind durchgeführt werden, sind also in erster Linie zulässig, wenn sich der Verdacht auch gegen Strafmündige richtet, wenn gegen die Eltern ermittelt wird wegen einer Straftat gem. § 171 StGB oder wenn das Kind als Zeuge in einem anderen Verfahren in Betracht kommt.

Eine Durchsuchung beim Kind kann also nie nach § 102 StPO durchgeführt werden. Möglich ist eine Durchsuchung gem. § 103 StPO. Möglich ist aber auch eine Durchsuchung, die der Beschlagnahme eines Einziehungsgegenstandes dient, § 111 b II StPO.

Gliederung

1. Rechtmäßigkeit der Durchsuchung gem. § 102 StPO
   Anordnungsvoraussetzungen
   - Verdacht einer Straftat –
     Problem: Kind, also
2. Rechtmäßigkeit der Durchsuchung gem. § 103 I 1 StPO
   Anordnungsvoraussetzungen
   - Verdacht einer Straftat +
   - Betroffener ist unverdächtig –
     Problem: Strafverfahren richtet sich nur gegen das Kind, also
3. Rechtmäßigkeit der Durchsuchung gem. §§ 111b, 102 StPO
   - 3.1 auch gegen Strafunmündige? +
   - 3.2 Voraussetzungen des § 102 StPO
     - Erweiterungsbereich +
     - Voraussetzungen des § 73 I, 74 I Altern. 1 StPO +
     - dringende Gründe +
     - Wohnungsdurchsuchung +
     - Auffindungsvermutung +
   - 3.3 Verhältnismäßigkeit +
   - 3.4. Anordnungskompetenz gem. § 105 I, StPO
     - hier Staatsanwaltschaft und ihre Ermittlungspersonen +
     - Gefahr im Verzug +
   - 3.5 Form- und Durchführungsvorschriften
     - § 106 I StPO +
     - § 105 II StPO +
       Problem: Möglichkeit der Zeugenhinzuziehung
     - § 107 StPO

Gutachten

1. Rechtmäßigkeit der Durchsuchung gem. § 102 StPO

Die von den Beamten angeordnete Durchsuchung könnte gem. § 102 StPO gerechtfertigt sein.

Anordnungsvoraussetzungen

Die Durchsuchung der von Anna bewohnten Wohnung ist dann als zulässig anzusehen, wenn sie Tatverdächtige war und wenn die Vermutung bestand, bei einer Durchsuchung könne eine Spur oder ein Beweisgegenstand gefunden werden.

§ 102 StPO setzt also den *Verdacht der Täterschaft* oder Teilnahme an einer Straftat voraus, die auch verfolgbar sein muss. Zwar liegt der Verdacht vor, dass Anna eine kriminelle Handlung begangen hat, jedoch kann ein Strafverfahren gegen Anna nicht durchgeführt werden, weil sie als Kind strafunmündig ist. Die *Strafunmündigkeit* stellt ein dauerndes Prozesshindernis dar. Das Vorliegen eines solchen Entschuldigungsgrundes schließt daher den Tatverdacht aus.

Eine Durchsuchung gem. § 102 StGB könnte allenfalls dann in Betracht kommen, wenn sich ein Tatverdacht auch gegen Annas Eltern oder ein Elternteil richtete. Allein die Weigerung, die Wohnung durchsuchen zu lassen, begründet noch keinen Tatverdacht. Andere Verdachtsgründe sind hier nicht ersichtlich.

Daher war eine Durchsuchung gem. § 102 StPO nicht zulässig.

2. Rechtmäßigkeit der Durchsuchung gem. § 103 I 1 StPO

Die Durchsuchung könnte aber gem. § 103 I 1 StPO zulässig gewesen sein.

Anordnungsvoraussetzungen

Zunächst müsste sie sich gegen *„andere Personen“* richten. „Andere Personen“ sind solche, die nicht tat- oder teilnahmeverdächtig sind. Grundsätzlich können auch Strafunmündige „andere Personen“ im Sinne dieser Norm sein. Weitere Voraussetzung ist jedoch, dass *über-*

haupt ein Strafverfahren gegen eine bestimmte Person durchgeführt werden kann.

Die Durchsuchung muss nämlich entweder der Ergreifung des Beschuldigten, der Verfolgung von Spuren einer Straftat oder zur Beschlagnahme bestimmter Gegenstände dienen.

In einem Strafverfahren, dass sich nur gegen ein Kind richten würde, gibt es keinen Beschuldigten. Anna und Jenny sind beide Kinder.

Die Beschlagnahme gem. § 94 StPO ist wiederum nur möglich, wenn kein nicht behebbares Verfahrenshindernis besteht; ansonsten fehlt es nämlich an der Beweiserheblichkeit. In einem Verfahren, dass nicht durchgeführt werden kann, können auch keine Beweise gesammelt werden.

Anders wäre der Fall möglicherweise zu beurteilen, wenn sich gegen die Eltern oder ein Elternteil ein Verdacht beispielsweise gem. § 171 StGB richten würde. Anhaltspunkte für eine Verletzung der Fürsorge- oder Erziehungspflichten liegen hier jedoch nicht vor.

Auch gem. § 103 I 1 StPO war die Durchsuchung nicht zulässig.

3. Rechtmäßigkeit der Durchsuchung gem. §§ 111b, 102 StPO

Die Durchsuchung könnte gem. § 111b StPO gerechtfertigt sein, wenn sie zumindest auch der Sicherstellung von Einziehungsgegenständen gedient hätte. § 111b II StPO erklärt die §§ 102 ff. StPO für entsprechend anwendbar.

3.1. Anwendbarkeit des § 111b StPO gegen Strafunmündige

Fraglich ist, ob § 111b StPO gegen einen *Strafunmündigen* angewandt werden darf. Dann müsste die Einziehung auch gegenüber einer schuldunfähigen Person angeordnet werden dürfen.

Der Einziehung unterliegt gem. § 73 I StGB das durch die Tat erlangte, ohne dass es dabei auf die Schuld des Täters ankommt. § 73 I StGB verlangt nämlich nur das Vorliegen einer *rechtswidrigen Tat.* Darüber hinaus kann die Einziehung gem. § 76a I StGB auch selbständig, d. h. ohne Schuldspruch angeordnet werden, wenn eine Verurteilung aus tatsächlichen Gründen nicht möglich ist.

Die Einziehung darf also auch gegenüber einem Kind angeordnet werden, § 111b StPO ist gegenüber Anna anwendbar.

3.2 Voraussetzungen gem. § 102 StPO

Fraglich ist dann weiterhin, ob § 102 StPO entsprechend anzuwenden ist. § 103 StPO ist nämlich dann nicht anwendbar, wenn die verdächtigte und die zu durchsuchende Person bzw. ihre Räumlichkeiten identisch sind. Soweit ein Strafunmündiger der Tat verdächtigt wird, stellt § 111b I, II StPO klar, dass die Durchsuchung zum Zweck der Sicherstellung auch dann zulässig ist, wenn der Täter nur einer *rechtswidrigen* Tat verdächtigt wird. § *111b II StPO* erweitert also den Anwendungsbereich des § 102 StPO.

Die Durchsuchung zum Zweck der Beschlagnahme von Gegenständen, die der Einziehung unterliegen, ist nur zulässig, wenn *dringende Gründe* für die Annahme gegeben sind, dass bei einer Durchsuchung auch solche Gegenstände gefunden werden können.

Die Polizeibeamten suchen Kosmetikartikel, die Anna bei einem Ladendiebstahl erlangt haben könnte. Gem. § *73 I StGB* unterliegen Gegenstände, die bei einer rechtswidrigen Tat erlangt wurden, der Einziehung. Anna könnte einen Ladendiebstahl tatbestandlich und rechtswidrig begangen haben. Das so erlangte Diebesgut – hier die Kosmetikartikel – unterläge dann der Einziehung. Gem. § 459h I StPO sind die Einziehungsgegenstände dem Verletzten, dem ein Anspruch auf Rückgewähr des Erlangten erwachsen ist, zurück zu übertragen.

Nur dringende Gründe für die Annahme, dass die oben geprüften Voraussetzungen vorliegen, rechtfertigen die Beschlagnahme.

Zunächst muss also eine hohe Wahrscheinlichkeit dafür gegeben sein, dass Anna an dem tatbestandlich und rechtswidrig begangenen Diebstahl beteiligt war. Darüber hinaus müssen dringende Gründe für die Annahme bestehen, dass die gesuchten Gegenstände aus dieser Tat erlangt worden sind.

Anna ist aufgrund der Aussage ihrer Freundin und der Beobachtungen der Verkäuferin dringend verdächtig, an einem Ladendiebstahl beteiligt gewesen zu sein. Die gestohlenen Gegenstände sind auch so genau beschrieben worden, dass konkretisiert werden kann, welche Gegenstände aus der Tat erlangt worden sein können.

Die Voraussetzungen des § 111b StPO liegen also vor.

Darüber hinaus müsste gem. § 102 StPO zu vermuten sein, dass die Durchsuchung zum Auffinden der Einziehungsgegenstände führen könnte.

Es entspricht der kriminalistischen, aber auch der allgemeinen Lebenserfahrung, dass ein Täter – zumal ein Kind, das bei einem Ladendiebstahl betroffen wurde – sich entweder der gestohlenen Gegenstände sofort entledigen würde oder aber diese bei sich zu Hause aufheben wird. Es besteht also die begründete Vermutung, dass bei einer Durchsuchung die Kosmetikartikel gefunden werden können. Da die Durchsuchung kurz nach dem Diebstahl stattfinden soll, besteht auch eine hohe Wahrscheinlichkeit, dass die gesuchten Kosmetikartikel an ihrem Aussehen und Zustand erkannt werden können.

Die Auffindungsvermutung ist also zu bejahen.

3.3. Verhältnismäßigkeit

Die Durchsuchung müsste auch verhältnismäßig, also geeignet, erforderlich und angemessen, gewesen sein.

Geeignet ist eine Maßnahme, wenn durch sie das angestrebte Ziel erreicht werden kann. Durch die Durchsuchung könnten die genannten Beweismittel gefunden werden.

Erforderlich ist eine Maßnahme, wenn sie das mildeste Mittel ist. Hier hat es kein milderes Mittel gegeben: Die Polizeibeamten haben Mutter und Kind aufgefordert, die beschriebenen Artikel herauszugeben. Hätten sie dieser Aufforderung entsprochen, hätte es keinen Grund gegeben, die Wohnung zu durchsuchen. Mutter und Kind weigern sich zu kooperieren. Es ist davon auszugehen, dass sie nicht bereit waren, die geforderten Gegenstände auszuhändigen. Die Maßnahme war also auch erforderlich.

Sie müsste auch angemessen gewesen sein. Dies ist dann der Fall, wenn das verletzte Rechtsgut des Betroffenen nicht in krassem Missverhältnis zum Interesse des Staates an der Durchführung der Maßnahme steht. Hier geht es um die Sicherung eines Einziehungsgegenstandes, der dem durch ein Eigentumsdelikt Verletzten wieder zugeführt werden soll. Demgegenüber steht das Grundrecht der Unverletzlichkeit der Wohnung, Art 13 GG. Ladendiebstähle sind Delikte, die die Allgemeinheit in erheblichen Umfang belasten und daher den Rechtsfrieden nachhaltig stören. Hier wiegt das Interesse des Staates, also der Allgemeinheit, an der Durchführung der Maßnahme schwerer als die Rechtsgutverletzung von Anna und ihren Eltern.

Die Maßnahme war verhältnismäßig.

Die Voraussetzungen für eine Durchsuchung gem. § 102 StPO waren also gegeben.

3.4 Anordnungskompetenz

Die Durchsuchung müsste ordnungsgemäß angeordnet worden sein. Die Anordnungsbefugnis einer Durchsuchung liegt grundsätzlich beim Richter, § 105 I StPO. Jedoch können ausnahmsweise auch die *Staatsanwaltschaft und ihre Ermittlungspersonen (§ 152 GVG)* die Durchsuchung anordnen, wenn Gefahr im Verzug vorliegt.

Im Sachverhalt wird der X als *Ermittlungsperson der Staatsanwaltschaft* bezeichnet.

Es müsste auch *Gefahr im Verzug* vorgelegen haben. Dies ist dann der Fall, wenn wegen der durch die richterliche Anordnung bedingten Verzögerung das Auffinden von Beweisstücken vereitelt oder doch erheblich erschwert würde. Hier ist zu erwarten, dass Anna die Kosmetikartikel entweder auspacken und gebrauchen würde – in diesem Fall wären sie nur noch schwerlich dem Ladendiebstahl zuzuordnen – oder vernichten bzw. verstecken würde. In beiden Fällen wäre der Erfolg der Durchsuchung vereitelt.

Gefahr im Verzug liegt also vor.

3.5 Form- und Durchführungsvorschriften

Die ordnungsgemäße Durchführung einer Durchsuchung gem. § 102 StPO setzt ferner das Beachten verschiedener Formvorschriften voraus.

Zunächst hat der Wohnungsinhaber – hier also die Mutter – ein Recht auf die Anwesenheit bei der Durchsuchung, § *106 StPO*. Hier hat sie der Durchsuchung beigewohnt.

Außerdem hätten die Polizeibeamten, da die Durchsuchung bei A ohne Beisein eines Richters oder Staatsanwaltes stattfand, Durchsuchungszeugen beiziehen sollen, § *105 II StPO*. Zweck dieser Bestimmung ist es, die ordnungsgemäße Durchführung der Zwangsmaßnahme durch Zeugen beweisen zu können. Die Beiziehung darf jedoch ausnahmsweise unterbleiben, wenn sie „nicht möglich“ ist. Nicht möglich ist sie beispielsweise dann, wenn der durch das Suchen und Beiziehen von Durchsuchungszeugen entstehende Zeitverlust den Erfolg der Durchsuchung vereiteln würde. Hier bestand die Gefahr, dass Anna sich der sie belastenden Beweisgegenstände alsbald entledigen würde oder die Kosmetikartikel durch Auspacken und Gebrauch so verändern würde, dass ein Zusammenhang zwischen Tat und Diebesgut nicht mehr hätte hergestellt werden können. Für die Hinzuziehung von Gemeindebeamten fehlte die Zeit. Im Interesse des Kindes konnten auch nicht Nachbarn der Durchsuchung beiwohnen; eine Maßnahme, die sich gegen ein strafunmündiges Kind richtet, muss in besonderem Maß beachten, dieses Kind nicht zu stigmatisieren und über ein vertretbares Maß hinaus zu belasten.

Die Polizeibeamten waren also befugt, die Maßnahme ohne Durchsuchungszeugen durchzuführen.

Es wird davon ausgegangen, dass auch der Vorschrift des § 107 StPO genügt wurde.

Die von den Polizeibeamten vorgenommene Durchsuchung war rechtmäßig.

Fall 19:
Zufallsfunde, Durchsicht von Papieren und elektronischen Speichermedien, §§ 108, 110 StPO

Sachverhalt[22]

An einem Septemberabend kommt es auf der Straße zu einer verbalen Auseinandersetzung zwischen zwei Gruppen im Rotlichtmilieu, die sich um vermeintliche Rechte an einer Prostituierten streiten. Die Polizei trennt die beiden Gruppen. Zeugen berichten, dass der Beteiligte G auf den ebenfalls am Streit beteiligten L aus der gegnerischen Gruppe eine halbautomatische Waffe unbekannten Fabrikats gerichtet und diesen zugleich gefragt haben soll, ob er ihn umlegen solle.

Polizei und Staatsanwaltschaft ermitteln sodann gegen G wegen des Verdachts des Verstoßes gegen das Waffengesetz, § 52 I Nr. 2a WaffG, in Tateinheit mit Bedrohung nach § 241 StGB. Die Polizei regt eine Durchsuchung nach der Waffe sowie des Handys von G an, um auch etwaige Kommunikation um diese Auseinandersetzung zu ermitteln. Das Amtsgericht erlässt einige Zeit später einen Durchsuchungsbeschluss gegen G wegen des Verdachts des Verstoßes gegen das Waffengesetz. Wie von der Staatsanwaltschaft beantragt, heißt es in den Gründen allein, „da zu vermuten ist, dass die Durchsuchung zur Auffindung von Beweismitteln führen wird, nämlich einer halbautomatischen Kurzwaffe zum Verschießen von Patronenmunition".

Bei der folgenden Durchsuchung werden eine Schreckschusspistole und diverse Patronen gefunden und sichergestellt. Nach Rücksprache mit der Staatsanwaltschaft werden darüber hinaus drei Handys, ein Tablet, zwei Laptops und dazugehörige Ladegeräte zur weiteren Durchsicht gemäß § 110 StPO sichergestellt, weil angenommen wurde, dass deren Durchsicht weitere Erkenntnisse zu der Auseinandersetzung erbringen könne.

War die Sicherstellung des Handys, des Tablets und der Laptops rechtmäßig?

Kann ihre Beschlagnahme angeordnet werden?

22 Der Sachverhalt beruht auf einem Beschluss des LG Kiel vom 25.4.2016 – 7 Qs 24/16, BeckRS 2016, 14055.

Vorüberlegungen

Bei einer Durchsuchung stellt sich den vollziehenden Beamten im ersten Schritt immer die Frage, wonach gesucht werden soll und darf. Im zweiten Schritt, was mitgenommen werden darf.

Elektronische Datenverarbeitungsgeräte wie Laptops, Tablets und Handys sind heutzutage in jedem Haushalt zu finden. Sie enthalten in der Regel eine Flut von Daten, so dass sie in vielerlei Hinsicht interessant sein können. Damit stellt sich die Frage, ob und unter welchen Voraussetzungen, sie mitgenommen werden können, um sie zu sichten. Für diese elektronischen Daten ist im Übrigen zu beachten, dass für sie § 110 StPO gilt. Ihre Durchsicht steht demzufolge nur der Staatsanwaltschaft zu bzw. ihre Durchsicht durch die Beamten des Polizeidienstes muss durch die Staatsanwaltschaft angeordnet oder vom Inhaber der Papiere/Daten genehmigt worden sein.

Papiere sollen noch an Ort und Stelle versiegelt werden, wenn sie zur Durchsicht sichergesellt werden. Auch bei elektronischen Datenträgern wird diese empfohlen.

Gliederung

1. Einordnung der Maßnahme
2. Rechtmäßigkeit der Sicherstellung nach § 110 StPO
   - 2.1 Prüfungsmaßstab
   - 2.2 Sicherstellung nach § 110 i.V.m. § 102 StPO
   - 2.3 Sicherstellung nach § 110 i.V.m. § 108 StPO
     - 2.3.1 „echter“ Zufallsfund
     - 2.3.2 „tatbezogener“ Zufallsfund
3. Beschlagnahme nach § 98 StPO
   - 3.1. Erforderlichkeit einer Beschlagnahme
   - 3.2 Gegenstand der Beschlagnahme
   - 3.3 Rechtmäßigkeit der Beschlagnahme

Gutachten

1. Einordnung der Maßnahme

Von Interesse für die Strafverfolgung sind hier nicht das Handy, das Tablet oder die Laptops als Hardware, sondern die auf ihnen liegenden Daten, wie Bilder, Kommunikation etc. des Beschuldigten G. Zum Zeitpunkt der Mitnahme war jedoch noch vollkommen unklar, ob sich tatsächlich Daten mit Beweisbedeutung für den Tatvorwurf auf diesen Geräten befinden und welche Daten dies sind. Nur die Daten mit Beweisbedeutung könnten sodann nach §§ 94, 98 StPO beschlagnahmt werden.

Demzufolge sind die Datenträger zunächst auf beweisrelevantes Material zu sichten. Die Sichtung von Papier und elektronischen Speichermedien wie Handy, Tablet und Laptop steht nach § 110 I StPO nur der Staatsanwaltschaft zu. Es bestand weder eine Anordnung einer Durchsicht durch die Ermittlungsbeamten noch ein Einverständnis gemäß § 110 II 1 StPO mit der Durchsicht durch G, so dass die Ermittlungsbeamten die Geräte, deren Durchsicht sie für erforderlich halten, nach § 110 II 2 StPO zur Sichtung an die Staatsanwaltschaft abzuliefern haben.

Die Rechtmäßigkeit dieser Maßnahme ist nach § 98 II StPO überprüfbar.

2. Rechtmäßigkeit der Sicherstellung nach § 110 StPO

2.1 Prüfungsmaßstab

Die Sicherstellung und anschließende Durchsicht von Papieren bzw. Daten stellt sich als ein Teil der Durchsuchung nach möglichen beschlagnahmefähigen Beweismitteln dar. Demzufolge ist der Prüfungsmaßstab für die Rechtmäßigkeit der Sicherstellung identisch mit dem für die Anordnung der Durchsuchung. Die Sicherstellung und Durchsicht muss also von der Durchsuchungsbefugnis umfasst sein.

Dabei ist zu beachten, dass die Sicherstellung und Sichtung von Daten einen nicht unerheblichen erheblichen Eingriff in die grundrechtlich geschützte Lebenssphäre des Betroffenen bedeuten und demzufolge dem Verhältnismäßigkeitsgrundsatz Rechnung zu tragen ist.

2.2 *Sicherstellung nach § 110 i.V.m. § 102 StPO*

Im Durchsuchungsbeschluss genannt war die Suche nach einer halbautomatischen Waffe. „*Der richterliche Durchsuchungsbeschluss hat im Hinblick auf den schwerwiegenden Grundrechtseingriff eine wichtige und unabdingbare Eingrenzungsfunktion. Er definiert Ziel und Umfang der durchzuführenden Durchsuchung. Daher ist eine etwaige, über den Inhalt des Durchsuchungsbeschlusses hinausgehende Durchsuchung, mit der gezielt nach anderen als den in ihm genannten Gegenständen gesucht werden soll, unzulässig.*“[23]

In dem Beschluss ist lediglich die Waffe genannt. Eine erweiternde Auslegung kommt nicht in Betracht, da sich aus den Akten ergibt, dass die Staatsanwaltschaft der Anregung der Polizei, auch das Handy des G zur Sichtung etwaiger tatrelevanter Kommunikation zu suchen und zu beschlagnahmen, nicht folgte, sondern lediglich die Durchsuchung mit der Auffindung der Waffe begründete. Demzufolge musste auch das Amtsgericht davon ausgehen, dass die Begründung des Antrags sich bewusst nicht auf die Auffindevermutung auch anderer Beweismittel erstreckte.

2.3 *Sicherstellung nach § 110 i.V.m. § 108 StPO*

Bei der Sicherstellung von Handy, Tablet und Laptops könnte es sich aber um eine vorläufige Beschlagnahme gemäß § 108 StPO handeln. „*Zufallsfunde mit potentieller Beweisbedeutung dürfen gemäß § 108 StPO vorläufig sichergestellt und einstweilen in Beschlag genommen werden.*“[24]

2.3.1 *„echter“ Zufallsfund*

Nach § 108 StPO sind „Gegenstände, die zwar in keiner Beziehung zu der Untersuchung stehen, aber auf die Verübung einer anderen Straftat hindeuten“, in Beschlag zu nehmen, wenn sie bei einer Durchsuchung zufällig gefunden werden. Diese Gegenstände müssen

23 LG Kiel Beschluss vom 25.4.2016 – 7 Qs 24/16, BeckRS 2016, 14055.
24 Ebd.

als Beweismittel für eine „andere Straftat" dienlich sein, also einen Anfangsverdacht für eine andere bzw. neue Straftat beinhalten.

Handy, Tablet und Laptops begründen jedoch per se keinen neuen Anfangsverdacht, der über den Ausgangstatvorwurf des Verstoßes gegen das Waffengesetz und die Bedrohung hinausgeht.

2.3.2 *„tatbezogener" Zufallsfund*

§ 108 StPO trifft keine Regelung für den Fall, dass zufällig Beweismittel gefunden werden, die für die Untersuchung in dem Verfahren, das Gegenstand der Durchsuchung ist, von Bedeutung sind. Solche Gegenstände sind jedoch nach §§ 94 ff. StPO zu beschlagnahmen.

Um jedoch zu verhindern, dass gezielt auch nach anderen als im Durchsuchungsbeschluss genannten Gegenständen gesucht und damit eine generelle Ausforschung betrieben wird, die der Eingrenzungsfunktion eines Durchsuchungsbeschlusses zuwider läuft, muss die Beweisbedeutung zum Ausgangsvorwurf offensichtlich sein.

Das muss insbesondere für elektronische Datenträger wie Handys, Tablets etc. gelten, die in jedem Haushalt vorhanden sind, denn andernfalls könnte bei jeder Durchsuchung, bei der solche Geräte ja in der Regel gefunden werden, die bloße Hoffnung, darauf irgendetwas Tatrelevantes zu finden, zu einer vorläufigen Sicherstellung führen, auch wenn diese Geräte im Durchsuchungsbeschluss nicht genannt sind. Damit wäre die Eingrenzungsfunktion eines Durchsuchungsbeschlusses nicht mehr gegeben.

Es ist zwar aus kriminalistischer Sicht durchaus möglich, dass sich auf Handy, Tablet oder den beiden Laptops Bilder zu dem Vorfall oder zur Waffe und Kommunikation mit den anderen Beteiligten des Vorfalls befinden. Tatsächliche Anhaltspunkte gibt es dazu aber nicht. Vielmehr müssten diese Datenträger dazu erst gesichtet werden, so dass der erforderliche offensichtliche Zusammenhang zum Tatvorwurf gerade nicht besteht, sondern allenfalls eine ganz fernliegende Möglichkeit einer Beweisbedeutung. Dies gilt insbesondere für das Tablet und die beiden Laptops.

Die Maßnahme war demzufolge nicht von § 110 StPO gedeckt und damit rechtswidrig.

3. Beschlagnahme

3.1 Erforderlichkeit einer Beschlagnahme

In der Mitnahme der Daten zum Zwecke der Durchsicht nach § 110 StPO liegt noch keine Beschlagnahme, sondern sie dient erst vorbereitend dazu, mögliche beschlagnahmefähige Daten aus dem bei der Durchsuchung vorgefundenen Datenbestand auszusondern.

3.2 Gegenstand der Beschlagnahme

Beschlagnahmt werden könnten nur diejenigen Daten, die als Beweismittel für die Tat von Bedeutung sein können. Voraussetzung ist also, dass insoweit Daten gefunden werden, deren mögliche Beweisbedeutung dargelegt werden kann.

3.2 Rechtmäßigkeit der Beschlagnahme

Wie oben ausgeführt, war bereits die Sicherstellung zur Durchsicht rechtswidrig. Die Intensität des Rechtsverstoßes wiegt schwer und steht zur Schwere des Tatverdachts außer Verhältnis, so dass ein Verwertungsverbot für eventuelle Daten mit Beweisbedeutung anzunehmen ist, so dass deren Beschlagnahme nach § 98 I StPO nicht in Betracht kommt.

Fall 20: Vorläufige Festnahme, §§ 127 II, 112 StPO

Sachverhalt[25]

O und seine Begleiterin B begeben sich am frühen Sonntagmorgen nach einem Kneipenbesuch auf den Weg nach Hause. Plötzlich wird O auf der Straße von einem jüngeren Mann – ohne mit diesem vorher in Kontakt zu kommen – mit einem Messer angegriffen. Diesem Mann gelingt es, O zwei Stiche in den oberen Brustbereich zu versetzen.

Nachdem der Angreifer offenbar seinen „Irrtum" bemerkt, teilt er diesen B mit und entschuldigt sich bei ihr, nennt seinen Namen und geht zügig weiter. B ist geschockt und alarmiert noch den Notruf, nach kurzer Zeit erscheinen die Kriminalbeamten P und R. Im Zuge einer Befragung der B, die wegen ärztlicher Betreuung erst anderthalb Stunden später erfolgen kann, offenbart sie das wahrgenommene Tatgeschehen und die vom Verdächtigen mitgeteilten Aussagen und dessen Namen. Sodann werden P und R über die Wohnanschrift dieses Namensträgers informiert, die nur zwei Straßenecken entfernt vom morgendlichen Tatort liegt.

Ohne den – auch am Sonntag Bereitschaftsdienst leistenden – Richter zu kontaktieren, suchen die beiden Beamten sogleich die Wohnanschrift auf, finden einen alkoholisierten Mann (M) vor und nehmen ihn vorläufig fest. Auf erstes Befragen gibt der Verdächtige tatsächlich zu, in seinem Opfer einen anderen Mann erkannt haben zu wollen.

War die vorläufige Festnahme der Beamten rechtmäßig?

Vorüberlegungen

So manche ermittlungsbehördliche Hilflosigkeit zeigt sich in dem oftmals gelehrten Hinweis, man könne den Verdächtigen zunächst „vorläufig festnehmen" und habe danach noch entsprechend Zeit zu weiteren Ermittlungen. Dabei stellt die Strafprozessordnung in § 127 II i.V.m. §§ 112 ff. StPO strenge Voraussetzungen auf, die das Fest-

---

25 Der Sachverhalt ist einer Pressemitteilung der Polizei Offenburg vom 10.9.2018 angelehnt („POL-OG: Folgenschwere Verwechslung").

*nahme*recht von anderen strafprozessualen Fest*halte*rechten unterscheidet. Zu gern wird übersehen, dass dringender Tatverdacht und Haftgründe bereits im Zeitpunkt der Festnahme gegeben sein müssen. Hinzu kommen die oft verkannte Regelzuständigkeit des Richters für einen „Haftbefehl" und eine Gestattung ermittlungsbehördlichen Tätigwerdens nur bei Gefahr im Verzug. Der gegenüber dem Originalsachverhalt aus didaktischen Gründen abgewandelte Fall verdeutlicht dies sehr anschaulich.

Gliederung

Rechtmäßigkeit der Maßnahme gem. § 127 II StPO

1. Anordnungsvoraussetzungen
   - 1.1 Dringender Tatverdacht gem. § 112 I 1 StPO +
   - 1.2 Haftgrund
     - – Flucht bzw. Verborgen-Sein gem. § 112 II Nr. 1 StPO –
     - – Fluchtgefahr gem. § 112 II Nr. 2 StPO +
     - – Schwere der Tat gem. § 112 III +
   - 1.3 Verhältnismäßigkeit +
2. Anordnungskompetenz, hier: –
   Polizeiliche Eilkompetenz wegen ‚Gefahr im Verzug'

Gutachten

Rechtmäßigkeit der vorläufigen Festnahme gem. § 127 II StPO

Die vorläufige Festnahme könnte auf der Grundlage des § 127 II StPO rechtmäßig erfolgt sein.

1. Anordnungsvoraussetzungen

Nach dieser Vorschrift sind bei Gefahr im Verzug die Staatsanwaltschaft und die Beamten des Polizeidienstes zur vorläufigen Festnahme befugt, wenn – hier – die Voraussetzungen eines Haftbefehls (§§ 112, 112a StPO) vorliegen.

1.1 Dringender Tatverdacht

Voraussetzung für das Vorliegen eines Haftbefehls ist zunächst ein *dringender Tatverdacht* gemäß § 112 I 1 StPO. Dieser besteht, wenn die Wahrscheinlichkeit groß ist, dass der Beschuldigte Täter oder Teilnehmer einer nach deutschem Strafrecht zu beurteilenden Straftat ist. Diese Wahrscheinlichkeit darf nur aus bestimmten Tatsachen, nicht aber aus bloßen Vermutungen hergeleitet werden. Nach dem Sachverhalt und den dort durch die Zeugin B mitgeteilten Messerstichangriffs ergibt sich der Anfangsverdacht eines versuchten Tötungsdeliktes (§ 212 StGB), jedenfalls aber eine gefährliche Körperverletzung mittels Waffe (§ 224 I Nr. 2 StGB) bzw. lebensgefährdender Behandlung (§ 224 I Nr. 5 StGB). Dass sich der vermeintliche Täter nur „geirrt" habe und dies auch zum Ausdruck gebracht haben mag, ändert nichts an der vorsätzlichen Begehung. Ein derartiger Identitätsirrtum (sog. error in persona) ist unbeachtlich und führt nicht zur Annahme eines lediglich fahrlässig begangenen Vergehens. Im Ergebnis ist festzustellen, dass eine große Wahrscheinlichkeit für die Täterschaft des M, der genau unter der Wohnanschrift angetroffen wird, die die Zeugin B auch kundgetan hat, für die Begehung einer vorsätzlichen – und auch rechtswidrigen und schuldhaften – Straftat spricht. Der dringende Tatverdacht ist gegeben.

1.2 Haftgrund

Weiterhin müsste ein *Haftgrund* vorliegen.

Der M könnte *flüchtig* sein oder sich *verborgen* halten gem. § 112 II Nr. 1 StPO. Als flüchtig wird angesehen, wer etwa nach der Tat seine Wohnung aufgibt, ohne eine neue zu beziehen; verborgen hält sich, wer unangemeldet, unter falschen Namen oder an einem unbekannten Ort lebt, um sich dem Verfahren dauerhaft oder auf längere Zeit zu entziehen. Da Feststellungen über die Flucht in der Regel erst möglich sind, wenn der Beschuldigte ergriffen worden ist, soll es ausreichen, dass nach den Umständen des Falles Flucht oder Verbergen näherliegt als eine andere Erklärung für die Unerreichbarkeit des Beschuldigten. Den Beamten wird vorliegend die Wohnanschrift des M mitgeteilt, die sich nur zwei Straßenecken entfernt befindet. Ein flüchtiges oder verbergendes Verhalten lässt sich auch unter Würdigung seiner Äußerung, dass er sich in der Person des Opfers getäuscht habe, nur vermuten, ohne dass dies auf ernsthafter Tatsachengrundlage beruht. Der Haftgrund scheidet aus.

Infrage käme allerdings *Fluchtgefahr* nach § 112 II Nr. 2 StPO. Diese wird angenommen, wenn die Würdigung der Umstände des Falles es wahrscheinlicher macht, dass sich der Beschuldigte dem Strafverfahren entziehen als dass er sich ihm zur Verfügung halten werde. Bei der Beurteilung sind insbesondere die Art der dem Beschuldigten vorgeworfenen Tat und – soweit bekannt – sein Verhalten nach der Tat zu berücksichtigen. Derselbe Wahrscheinlichkeitsgrad wie beim dringenden Tatverdacht muss sich auch hier auf bestimmte Tatsachen und nicht nur Mutmaßungen und Befürchtungen stützen. Der M hat sich nach dem mitgeteilten Sachverhalt vom Tatort entfernt. Zwar ist eine Wohnanschrift mitgeteilt worden, doch lässt sich aus der zunächst durch die Zeugin B geschilderten Begehungsweise und dem Umstand der offensichtlichen Identitätstäuschung schlussfolgern, dass M seine Tat erst nachträglich so richtig erkennt und sich weiteren Ermittlungen hinsichtlich seiner Täterschaft, für die eine erhebliche Freiheitsstrafe droht, entziehen will. Die Nähe zum Wohnort lässt auch eine zeitlich günstige Gefahr für ein mögliches Sich-Entziehen des M aufkommen. Fluchtgefahr ist danach mit größerer Wahrscheinlichkeit anzunehmen.

Im Übrigen lässt sich ein „Haftgrund" auch nach § 112 III StPO begründen. Jedenfalls der Totschlagsversuch (§§ 212, 22 StGB) fällt unter die dort aufgezählten Straftaten der Schwerkriminalität, auch wenn nach dem Gesetzeswortlaut ein Haftgrund nach § 112 II für entbehrlich gehalten wird. Gegen die Norm sind vielfach verfassungsrechtliche Bedenken vorgebracht und vom BVerfG auch bestätigt worden. Im Wege verfassungskonformer Auslegung verlangt die Norm, um als Haftgrund in rechtmäßiger Weise anerkannt zu sein, das Vorliegen von Umständen, die die Gefahr begründen, dass ohne Festnahme des Beschuldigten die alsbaldige Aufklärung und Ahndung der Tat gefährdet sein könnten – entweder die nicht auszuschließende Flucht- oder Verdunkelungsgefahr oder die ernstliche Befürchtung, dass der Täter weitere Taten ähnlicher Art begehen werde. Hier kann dem besonderen Umstand des Falles Rechnung getragen werden, dass der M sich in der Identität seines anvisierten Opfers irrte. Daher bleibt die Befürchtung, dass er seine planmäßige Tat noch gegenüber dem „richtigen" Opfer vollenden wollte.

1.3 Verhältnismäßigkeit

Der – wie auch ansonsten bei strafprozessualen Maßnahmen – Geltung beanspruchende *Verhältnismäßigkeitsgrundsatz* ist ausweislich § 112 I 2 StPO hier keine Haftvoraussetzung, sondern die Unverhältnismäßigkeit ein Haftausschließungsgrund. Anhaltspunkte insbesondere für ein Missverhältnis zur Bedeutung der Sache bestehen vorliegend nicht.

2. Anordnungskompetenz

Fraglich ist aber, ob die beiden Polizeibeamten zur vorläufigen Festnahme wegen Gefahr im Verzug berechtigt waren.

Gefahr im Verzug besteht, wenn aufgrund einer pflichtgemäßen Prüfung der Begleitumstände die Festnahme infolge derjenigen Verzögerung gefährdet wäre, die durch das Erwirken eines richterlichen Haftbefehls eintreten würde. Dass es den beiden Streifenbeamten nun unmöglich war, aus tatsächlichen Gründen einen richterlichen Haftbefehl zu beantragen, ist nicht zu erkennen. Denn nach dem Sachverhalt war ein nächtlicher richterlicher Bereitschaftsdienst zunächst vorhanden. Zudem ist nicht überzeugend, warum bei mitgeteilter Wohnanschrift durch die Zeugin, zumal vom Verdächtigen selbst mitgeteilt, nicht wenigstens bei der Verfolgung nach dorthin ein Richter fernmündlich unterrichtet wurde, der – nicht anders zu erwarten – nach Prüfung dieser Umstände fernmündlich einen Haftbefehl für die dort im Zweifel vorgefundene Person ausspricht und diesen Haftbefehl später entsprechend schriftlich noch begründet. Gerade in Zeiten mobiler Rufbereitschaft ist der gesetzlich statuierte Richtervorrang ernst zu nehmen. Das Erwirken eines richterlichen Haftbefehls hätte im vorliegenden Fall die Festnahme nicht verzögert.

Folglich ist festzuhalten, dass Gefahr im Verzug nicht vorlag. Die beiden Beamten waren danach zur vorläufigen Festnahme nicht anordnungsbefugt. Sie handelten demzufolge rechtswidrig.

Fall 21: Vorläufige Festnahme, §§ 127 II, 112, 112a StPO

Sachverhalt[26]

Der 23-jährige S wird nachmittags im August aufgegriffen, als er ein Gramm Marihuana erwirbt. Da er keinerlei Ausweispapiere bei sich hat, wird er zur Identitätsfeststellung und erkennungsdienstlichen Behandlung auf das Revier verbracht. Ein Abgleich der Daten ergibt, dass gegen S ein Verfahren wegen zweier gemeinschaftlicher Wohnungseinbruchsdiebstähle Anfang und Mitte März des Jahres seit Anfang April anhängig ist. Insoweit liegen inzwischen Zeugenaussagen und ein DNA-Gutachten vor, die auf seine Täterschaft in beiden Fällen hinweisen. Darüber hinaus ist bekannt, dass er noch im Mai zu dem anderweitig Verfolgten, R, telefonisch Kontakt hatte, der sich aktuell wegen diverser Einbruchsdiebstähle in Untersuchungshaft befindet, jedoch keinen Aufschluss über weitere geplante Taten ergab. S wohnt noch zu Hause bei seiner alleinerziehenden Mutter, eine Lehre zum Elektriker hat er kürzlich abgebrochen, bemüht sich aber aktuell um eine neue Lehrstelle. Bislang ist er strafrechtlich lediglich als Jugendlicher zweimal in Erscheinung getreten. In einem Verfahren wegen eines Verstoßes gegen das Waffengesetz und Beleidigung wurde er zu Arbeitsleistungen verurteilt. Ein Verfahren wegen unerlaubter Einfuhr von Betäubungsmitteln wurde nach § 45 JGG eingestellt.

Die ermittelnden Beamten überlegen gemeinsam mit dem Staatsanwalt, ob sie S vorläufig festnehmen können. Plan ist dabei, nach Abschluss der erkennungsdienstlichen Behandlung S auf dem Revier zu behalten, bis zum Zeitpunkt der Vorführung eine Vernehmung durchzuführen und S zu weiteren bis dato ungeklärten Einbrüchen in der Umgebung der bisherigen Tatorte zu befragen.

Vorüberlegungen

Nicht selten werden Beschuldigte aufgegriffen, die der Polizei als Wiederholungstäter bekannt sind. Berichtet wird von dem unbefrie-

26 Der Sachverhalt beruht auf OLG Köln, Beschl. vom 10.10.2019 – 2 WS 571/18, StraFo 2019, 67 f.

digenden Zustand, manche Beschuldigte mehrmals in der Woche oder gar während einer Schicht aufzugreifen und nach einer entsprechenden Identitätsfeststellung und gegebenenfalls erkennungsdienstlichen Behandlung entlassen zu müssen, weil sie einen festen Wohnort vorweisen können.

Der Haftgrund der Wiederholungsgefahr nach § 112a StPO scheint hier nahe zu liegen, um weitere Taten zu unterbinden. Dabei ist der Haftgrund der Wiederholungsgefahr insofern ein Fremdkörper innerhalb der Haftgründe, als er nicht der Sicherung des Verfahrens dient, sondern präventive Ziele, nämlich den Schutz der Rechtsgemeinschaft vor weiteren erheblichen Straftaten, verfolgt. Er ist nach herrschender Ansicht verfassungsgemäß, allerdings restriktiv auszulegen.

Gliederung

1. Vorläufige Festnahme nach § 127 I StPO
2. Vorläufige Festnahme nach § 127 II StPO
   2.1 Dringender Tatverdacht
   2.2 Haftgründe des § 112 StPO
      - Flucht bzw. Fluchtgefahr
      - Verdunkelungsgefahr
      - Schwere der Tat
   2.3 Wiederholungsgefahr nach § 112a StPO
   2.2 Gefahr in Verzug
   2.3 Anordnungskompetenz
3. Vorführung nach § 128 StPO

Gutachten

1. Vorläufige Festnahme nach § 127 I StPO

Eine vorläufige Festnahme nach § 127 I StPO setzt zunächst voraus, dass S auf frischer Tat betroffen ist. Dies ist hier der Fall, da er unmittelbar bei einem unerlaubten Erwerb von Betäubungsmitteln nach § 29 I Nr. 1 BtMG angetroffen wurde.

Zu diesem Zeitpunkt war seine Identität nicht bekannt. Da er keine Ausweispapiere bei sich hatte, durfte er zur Abklärung seiner Identität mit auf das Revier genommen werden.

Es ist davon auszugehen, dass S bereits erkennungsdienstlich behandelt ist, da er bereits strafrechtlich in Erscheinung getreten ist und von ihm offenbar auch DNA-Material zur Verfügung steht. In Betracht kommt daher allenfalls die ergänzende Anfertigung eines aktuellen Lichtbildes nach § 81b 1. Alt StPO für die Zwecke des Ermittlungsverfahrens, da dieses der Aufklärung des Sachverhalts dienen kann.

Nach Abschluss der Identitätsfeststellung und der ergänzenden erkennungsdienstlichen Behandlung muss S jedoch entlassen werden, wenn keine weiteren Gründe für ein Festhalten mehr bestehen.

2. Vorläufige Festnahme nach § 127 II StPO

2.1 Vorliegen der Voraussetzungen eines Haft- oder Unterbringungsbefehls

Eine vorläufige Festnahme nach § 127 II StPO setzt voraus, dass die Voraussetzungen eines Haft- oder Unterbringungsbefehls vorliegen.

2.1.1 Dringender Tatverdacht

Gemeinsame Voraussetzung eines Haft- oder Unterbringungsbefehls ist das Vorliegen eines dringenden Tatverdachts. Dringender Tatverdacht ist die hohe Wahrscheinlichkeit einer Verurteilung bzw. einer Täterschaft nach dem aktuellen Stand der Ermittlungen. Zum aktuellen Zeitpunkt liegen sowohl Zeugenbeweise als auch Sachbeweise vor, die auf S als Täter eines Einbruchdiebstahls hinweisen, so dass mit hoher Wahrscheinlichkeit davon auszugehen ist, dass er verurteilt werden wird.

2.1.2 Haftgründe des § 112 StPO

Daneben muss ein Haftgrund nach § 112 II oder III StPO vorliegen. S wohnt aktuell bei seiner Mutter. Er hat offenbar auch nach Einleitung des Ermittlungsverfahrens im April seinen Wohnort nicht gewechselt. Er ist weder auf der Flucht noch der Flucht verdächtig, denn es ist auch mit Hinzukommen des neuen Verfahrens wegen eines Verstoßes gegen das BtMG nicht zu erwarten, dass S seinen bisherigen Lebensmittelpunkt aufgeben wird, um sich einer Strafverfolgung zu entziehen, so dass weder § 112 II Nr. 1 noch Nr. 2 StPO einschlägig ist. Für die Annahme einer Verdunkelungsgefahr gemäß § 112 II Nr. 3 StPO bestehen keinerlei Anhaltspunkte. Eine schwere Tat im Sinne von § 112 III StPO wird S nicht vorgeworfen.

2.1.3 Wiederholungsgefahr nach § 112a StPO

In Betracht kommt der Haftgrund der Wiederholungsgefahr nach § 112a StPO.

(1) Dieser setzt zunächst eine entsprechende Anlasstat nach § 112a I Nr. 1 oder Nr. 2 StPO voraus. S ist zweier Taten nach § 244 I Nr. 3 StGB verdächtig, der im Katalog der Nr. 2 aufgezählt ist.

(2) Hinsichtlich dieser Taten nach Nr. 2 muss von einer Verurteilung von über einem Jahr Freiheitsstrafe auszugehen sein. Da der Strafrahmen des § 244 I StGB von mindestens sechs Monaten bis zu 10 Jahren beträgt und hier zwei tatmehrheitliche Fälle im Raum stehen, lässt sich eine derartige Straferwartung begründen.

(3) Ferner muss aufgrund bestimmter Tatsachen die Gefahr bestehen, dass der Beschuldigte vor rechtskräftiger Aburteilung weitere erhebliche Straftaten gleicher Art begehen oder die Straftat fortsetzen werde.

Anknüpfungspunkte sind bestimmte Indiztatsachen, die diese Schlussfolgerung zulassen, wie etwa die Vorstrafen, die Lebensverhältnisse, das soziale Umfeld, die Persönlichkeitsstruktur, die bereits serielle Begehung der Anlasstaten, aber auch etwaige weitere Straftaten in Kenntnis des laufenden Ermittlungsverfahrens.

Die Verhängung von Zuchtmitteln nach Jugendrecht bleibt für die Begründung eine Wiederholungsgefahr außer Betracht, so dass die Taten nach dem Waffengesetz, dem BtMG und die Beleidigung nicht in die Überlegungen einbezogen werden können. Die Annahme, S würde seinen Lebensunterhalt aus Delikten bestreiten, entbehrt jeder Grundlage, zumal S diesbezüglich noch nicht einschlägig aufgefallen ist und im Übrigen eine Ausbildung zumindest anstrebt. Die Tatsache, dass S sich gewaltsam Zugang zu den Wohnungen verschafft hat, ist bereits Merkmal der Anlasstat und kann demzufolge nicht zugleich dazu dienen, von einer hohen kriminellen Energie auszugehen, die eine Wiederholungsgefahr begründet. Im Übrigen spricht die Tatsache, dass S DNA-Spuren hinterlassen hat, eher gegen seine Professionalität. Der bloße Kontakt zu R lässt nicht darauf schließen, dass er sich mit diesem zu einer fortgesetzten Begehung von Einbrüchen zusammengetan hat. Zwar ist S ist zweier Taten binnen zwei Wochen dringend verdächtigt, weitere einschlägige Taten sind jedoch nicht hinzugekommen. Auf weitere ungeklärten Taten in der Umgebung der bisherigen Tatorte kann die Wiederholungsgefahr ebenfalls nicht gestützt werden, dass dies ein Verstoß gegen die Unschuldsvermutung und damit gegen Art. 6 II EMRK bedeuten würde. Der Verstoß gegen das BtMG kann nicht herangezogen werden, um die Gefahr weiterer Einbruchstaten zu begründen. Der Haftgrund einer Wiederholungsgefahr liegt nicht vor.

2.2 Gefahr in Verzug

Weitere Voraussetzung einer vorläufigen Festnahme wäre, dass Gefahr in Verzug vorliegt. Dies bedeutet, dass der Erfolg einer Festnahme gefährdet wäre, wenn bis zu einem Erlass eines Haftbefehls durch den Richter abgewartet werden würde. Der Erfolg einer Festnahme besteht darin, die Gefahr weiterer erheblicher Straftaten zu unterbinden. Würde man die Gefahr einer Wiederholung annehmen, bestünde diese auch in der Zeit, die der Erlass eines Haftbefehls in Anspruch nehmen würde, so dass von einer Gefahr in Verzug auszugehen wäre.

2.3 Anordnungskompetenz

Die vorläufige Festnahme können die Staatsanwaltschaft und die Beamten des Polizeidienstes anordnen.

3. Vorführung nach § 128 StPO

Im Falle einer vorläufigen Festnahme ist der Beschuldigte gemäß § 128 I 1 StPO unverzüglich, spätestens aber am Tag nach der Festnahme dem Richter vorzuführen. Unverzüglich meint, dass diese absolute Frist nicht beliebig ausgeschöpft werden darf, sondern der Beschuldigte ohne jede Verzögerung, die sich nicht mit sachlichen Gründen rechtfertigen lässt, dem Richter vorgeführt werden muss.

Ein sachlicher Grund kann etwa in der Notwendigkeit, Unterlagen zusammenzustellen, mit dem Gericht einen Vorführungstermin zu vereinbaren, einen Dolmetscher zu beauftragen etc. liegen.

Vertreten wird die Ansicht, die Ermittlungsbehörden seien nicht gehindert, vor einer fristgerechten Vorführung notwendige Ermittlungen vorzunehmen, insbes. um dem Richter eine möglichst umfassende Grundlage für seine Entscheidung über einen Haftbefehl zu unterbreiten. Es dürfe die Vorführung nach vorläufiger Festnahme auch hinausgeschoben werden, sofern es sich um sachdienliche Maßnahmen handelt. Insoweit verbleibe den Ermittlungsbehörden ein gewisser zeitlicher Spielraum. Eine sachdienliche Maßnahme könne auch sein, dem Beschuldigten Gelegenheit zur Beseitigung vorliegender Verdachtsgründe zu geben.

„*Es wird deshalb in vielen Fällen sachgerecht sein, den Beschuldigten, der – wie vorliegend – nach ordnungsgemäßer Belehrung zu einer Einlassung bereit ist, nach Erklärung der vorläufigen Festnahme (weiterhin) zu vernehmen, um dann darüber zu befinden, ob ein Haftbefehl zu beantragen ist und welche Umstände, die dessen Erlass begründen können, dem Richter darzulegen sind.*“[27]

Da die Voraussetzungen eines Haftbefehls vorliegen müssen, damit es überhaupt zu einer vorläufigen Festnahme nach § 127 II StPO kommen darf, können diesen sachdienlichen Ermittlungen lediglich darauf abzielen, den dringenden Tatverdacht weiter zu untermauern bzw. zu entkräften, nicht aber ihn erst zu begründen. Insofern ist die oben gewählte Formulierung des BGH mehr als unglücklich. Darauf sollte geachtet werden.

27 BGH, Urteil vom 28.6.2018 – 3 StR 23/18, NStZ 2018, 734.

Fall 22: Identitätsfeststellung beim Verdächtigen und beim Nichtverdächtigen; hier: Grundlagen, § 163b I StPO

Sachverhalt[28]

G war mit seinem Pkw unterwegs und fiel den Polizeibeamten A und B wegen seines roten Gesichtes und seiner Fahrweise auf. Sie wollten ihn einer Kontrolle unterziehen, da sie den Verdacht hegten, er fahre unter deutlichem Alkoholeinfluss.

G hält jedoch weder auf die Blinksignale „StPO, Polizei!" noch auf Blau- und Fernlicht an, sondern fährt auffällig zügig bis zu seinem Grundstück weiter. Dort angekommen stellte sich Polizeibeamter A dem G in den Weg, eröffnet ihm, eine allgemeine Verkehrskontrolle durchführen zu wollen, und fordert G auf, sich auszuweisen sowie Fahrzeugpapiere und Führerschein auszuhändigen. G schreit Beamten A jedoch an, er solle verschwinden, da dies sein Grundstück sei, schubste ihn etwa einen halben Meter nach hinten gegen eine Wand und versucht, in sein Haus zu fliehen. Allerdings stellte sich ihm nun Beamter B in den Weg. Die Beamten erklären G, dass sie einfache körperliche Gewalt anwenden würden, sollte er ihren Anordnungen nicht nachkommen. G weigerte sich weiterhin, so dass die Beamten ihn gegen die Tür seines Autos drücken, ihn wegen der weiteren Gegenwehr zu Boden drücken und ihm aus seiner Brusttasche den Gelbeutel mit den Ausweispapieren zu nehmen. G rannte sodann in die Garage seines Hauses und begann, das Tor zu schließen. Aufgrund des Verhaltens gingen die Beamten weiterhin davon aus, dass G verkehrsuntüchtig sei, und wollten ihn ergreifen. G leistete auch im Folgenden bis zu seiner vorübergehenden Festnahme und Fesselung vehementen – auch körperlichen – Widerstand und schrie die Beamten an, sie würden „spinnen" und „nicht ganz richtig ticken". Erst während der Festnahme wurde G über seine Rechte als Beschuldigter u. a. eines Widerstandes gegen Vollstreckungsbeamte belehrt. Nach seiner Verbringung auf die Dienststelle stellte sich heraus, dass G weder alkoholisiert noch sonst wie fahruntüchtig war.

---

28 Der Sachverhalt beruht auf einem Beschluss des OLG Celle vom 23.7.2012 – 31 Ss 27/12, BeckRS 2012, 18009.

War die gegen G gerichtete Maßnahmen zur Feststellung der Identität rechtmäßig?

Die Frau des G, H, hatte den Vorfall vom Küchenfester aus beobachtet, aus Furcht jedoch das Haus nicht verlassen. Die Beamten A und B hatten dies zur Kenntnis genommen und klingelten vor der Abfahrt auf die Dienststelle noch und nehmen die Personalien dieser „Beobachterin" auf.

War die gegen H gerichtete Maßnahme der Identitätsfeststellung rechtmäßig?

Vorüberlegungen

Die Identitätsfeststellung nach § 163b StPO gehört zu den Standardmaßnahmen nach der StPO. § 163b I 2 und 3 StPO sehen ein abgestuftes Vorgehen vor und sind damit eine besondere Ausprägung des Verhältnismäßigkeitsgrundsatzes.

Gliederung

1. Rechtmäßigkeit der Identitätsfeststellung bei G nach § 163b I StPO
   - 1.1 Anordnungsvoraussetzungen
     - 1.1.1 Tatverdacht +
     - 1.1.2 Unbekannte Identität +
     - 1.1.3 Maßnahmen zur Feststellung der Identität +
   - 1.2 Anordnungskompetenz
   - 1.3 Form- und Durchführungsvorschriften
     - 1.3.1 Belehrung +
     - 1.3.2 § 163c StPO +
2. Rechtmäßigkeit der Identitätsfeststellung bei H nach § 163b I StPO
   - 2.1 Anordnungsvoraussetzungen
     - 2.1.1 Anfangsverdacht für eine Straftat +
     - 2.1.2 Unverdächtige +
     - 2.1.3 Aufklärungsinteresse +
     - 2.1.4 Identität nicht bekannt +
   - 2.2 Anordnungskompetenz +
   - 2.3 Form- und Durchführungsvorschriften +

Gutachten

1. Rechtmäßigkeit der Identitätsfeststellung bei G gemäß § 163b I StPO

Die Identitätsfeststellung könnte gem. § 163b I, § 163c StPO gerechtfertigt gewesen sein.

1.1 Anordnungsvoraussetzungen

1.1.1 Tatverdacht

Dazu müsste G Verdächtiger einer Straftat gewesen sein. Die Beamten hatten aufgrund der roten Gesichtsfarbe und der Fahrweise von G den auf Tatsachen beruhenden Verdacht, G fahre unter deutlichem Alkoholeinfluss und damit im fahruntüchtigen Zustand. Das ist der Anfangsverdacht für eine Straftat nach § 316 StGB.

1.1.2 Unbekannte Identität

Die Identität des G ist den Beamten nicht bekannt und lässt sich auch mittels des Kfz-Kennzeichens nicht sicher erschließen, da der Fahrer nicht zwingend auch der Halter ist.

1.1.3 Maßnahmen zur Feststellung der Identität

Identitätsfeststellung bedeutet die Ermittlung von Personaldaten, die eine zuverlässige und unkomplizierte Erreichbarkeit dieser Person erlauben, wie etwa Vor- und Familiennamen, Geburtsname, Geburtstag und Geburtsort und Wohnanschrift. Dazu erlaubt § 163b I 1 StPO die „erforderlichen Maßnahmen".

Der erste Schritt einer Identitätskontrolle ist demnach die Aufforderung anzuhalten. Dieser Aufforderung leistete G keine Folge. Zwar enthält die StPO keine ausdrückliche Regelung über die Anwendung unmittelbaren Zwangs zur Durchsetzung einer Maßnahme. Anerkannt ist jedoch, dass die Eingriffsnormen der StPO so auszulegen sind, dass sie konkludent auch zu den Vorbereitungs- und Begleitmaßnahmen berechtigen, die mit der Durchführung der Maßnahme unerlässlich verbunden sind. Die Aufforderung anzuhalten wurde von dem Beamten A durch das Versperren des Weges durchgesetzt. Der nächste Schritt ist die Aufforderung, sich auszuweisen, die jedoch erfolglos blieb. G verweigerte dies indirekt durch die Gegenaufforderung zu verschwinden.

Nach § 163b I 2 und 3 StPO sind das Festhalten, Durchsuchen und die Durchführung erkennungsdienstlicher Maßnahmen zur Feststellung der Identität möglich, sofern die Identität nicht oder nur unter erheblichen Schwierigkeiten festgestellt werden kann.

Da G die Mitwirkung verweigert, ist eine Identitätsklärung nicht möglich. Der nächste Schritt ist nach § 163b 2 StPO das Festhalten und die Durchsuchung. Da G gegen den Wagen gedrückt und schließlich zu Boden gebracht und damit Gewalt gegen ihn angewandt wurde, wurde er festgehalten und nicht mehr nur angehalten. Die Beamten haben G am Auto und damit an Ort und Stelle festgehalten und durchsucht. Mit der Erlangung seiner Ausweispapiere und deren Überprüfung ist die Identität geklärt.

Die weitere Maßnahme des Verbringens auf die Dienststelle kann demzufolge im vorliegenden Fall nicht mehr von § 163b StPO gedeckt sein. Sie diente auch nicht mehr der Identitätsfeststellung, sondern der körperlichen Untersuchung nach § 81a StPO auf eine weiterhin angenommene, mögliche Verkehrsuntüchtigkeit.

Das Festhalten zur Identitätsfeststellung war hier gemäß § 163c I 1 StPO auf das unerlässliche Maß für den Zeitraum der Durchsuchung nach den Ausweispapieren an Ort und Stelle beschränkt. Einer richterlichen Anordnung bedurfte es nach § 163c I 2 StPO nicht.

1.2 Anordnungskompetenz

Die Polizeibeamten sind zur Anordnung der Identitätsfeststellung nach § 163b I 1 StPO befugt.

1.3 Form- und Durchführungsvorschriften

Gemäß § 163b I 1 HS. 2 StPO gilt § 163a IV 1 StPO entsprechend. Das heißt, der Beschuldigten ist darüber aufzuklären, welche Tat ihm zur Last gelegt wird, bevor von ihm verlangt wird, seine Identität feststellen zu lassen.

Die Beamten hatten hier den Verdacht einer Trunkenheit im Verkehr. Dies haben sie ihm jedoch nicht erklärt, sondern angegeben, eine allgemeine Verkehrskontrolle nach § 36 V StVO durchführen zu wollen. Zwar kann eine allgemeine Verkehrskontrolle auch zur Prüfung der Verkehrstüchtigkeit erfolgen. Allgemeine Verkehrskontrollen sind aber „präventive verkehrsbezogene Maßnahmen, die ergriffen werden, um vorbeugend die Ordnung und Sicherheit des Straßenverkehrs zu gewährleisten (...). Für eine allgemeine Verkehrskontrolle auf der Grundlage von § 36 V StVO ist demzufolge kein Raum, wenn das Anhalten eines Verkehrsteilnehmers wegen des konkreten Verdachts einer Verkehrsstraftat oder einer Ordnungswidrigkeit erfolgt.“[29]

Die Belehrung, eine allgemeine Verkehrskontrolle durchführen zu wollen, war daher fehlerhaft. Sie führt zur Rechtswidrigkeit der Identitätsfeststellung.

Anmerkung:

Zu beachten ist, dass die Belehrung nach 163b I 1 HS. 2 StPO i.V.m. § 163a IV 1 StPO zu den wesentlichen Förmlichkeiten gehört, deren Fehlen die Diensthandlung formell rechtswidrig im Sinne von § 113 StGB macht.

2. Rechtmäßigkeit der Identitätsfeststellung bei gemäß § 163b Abs. 2, § 163c StPO

2.1 Anordnungsvoraussetzungen

2.1.1 Anfangsverdacht für eine Straftat

Wie oben beschrieben liegt der Anfangsverdacht für eine Trunkenheit im Verkehr vor. Hinzu kommt der Verdacht eines Widerstands gegen Vollstreckungsbeamte nach § 113 StGB und der Beleidigung nach § 185 StGB.

2.1.2 Unverdächtige

§ 163b II StPO erlaubt die Identitätsfeststellung bei Personen, die einer Straftat nicht verdächtig sind, bezüglich derer also keine

29 OLG Celle Beschluss vom 23.7.2012 – 31 Ss 27/12, BeckRS 2012, 18009.

Anhaltspunkte vorliegen, dass sie möglicherweise als Täter oder Teilnehmer in Betracht kommen. H ist insoweit unverdächtig. Sie war lediglich Beobachterin.

2.1.3 Aufklärungsinteresse

Die Identitätsfeststellung ist nur zulässig, wenn und soweit dies zur Aufklärung einer Straftat geboten ist. Es müssen demzufolge tatsächliche Anhaltspunkte dafür vorliegen, dass der Nichtverdächtige als Zeuge oder Augenscheinsobjekt zur Aufklärung des Sachverhalts beitragen kann. H hat den Vorfall jedenfalls zum Teil vom Fenster aus beobachtet.

Damit bestehen tatsächliche Anhaltspunkte, dass sie Angaben machen kann, die der Aufklärung dienen können.

Dass H als Ehefrau die Angaben gemäß § 52 I Nr. 2 StPO verweigern kann, steht dem nicht entgegen.

2.1.4 Identität nicht bekannt

Die Polizeibeamten können zwar vermuten, dass es sich bei der Frau am Fenster um die Ehefrau des G handelt, sicher ist das aber nicht, so dass deren Identität nicht bekannt ist.

Die Aufnahme der Personalien – ohne Vorlage der Ausweisdokumente – war hier die Maßnahme mit der geringsten Eingriffsintensität.

2.2 Anordnungskompetenz

Die Beamten waren zur Anordnung berechtigt.

2.3 Form- und Durchführungsvorschriften

Auch Unverdächtigen ist vor der Aufforderung der Bekanntgabe der Identität, der Gegenstand der Untersuchung und die Person des Beschuldigten zu bezeichnen gemäß § 163b II 1 HS. 2 i.V.m. § 69 I 2 StPO. Die Beamten haben H also mitzuteilen, weshalb sie gegen ihren Mann ermitteln.

Fall 23: Identitätsfeststellung beim Verdächtigen, § 163b I StPO, Durchsuchung, § 102 StPO

Sachverhalt

Die Polizeibeamten P und Q (Ermittlungspersonen der Staatsanwaltschaft) werden zu einem Tatort gerufen. Als sie ankommen, stellt der Notarzt gerade den Tod einer jungen Frau fest, die augenscheinlich durch mehrere Messerstiche zu Tode gekommen ist. Aufgrund der Blutspuren kann davon ausgegangen werden, dass der Täter Blutflecken auf der Kleidung haben wird. Auch scheint eine Person durch die Blutlache gelaufen zu sein, es finden sich blutige Schuhsohlenabdrücke. Bei einer informatorischen Befragung der umstehenden Personen stellt sich heraus, dass die junge Frau schon einige Zeit Streit mit ihrem Ex-Freund hatte. Heute habe es wieder eine heftige Auseinandersetzung gegeben, schließlich habe der Ex-Freund ein Messer gezogen und auf die jetzt Tote eingestochen. Die Nachbarn können den Täter und seine Kleidung gut beschreiben, auch ist die Adresse des Ex-Freundes einer Nachbarin bekannt.

Die Polizeibeamten fahren zu der angegebenen Adresse. Auf ihr Schellen hin öffnet ein junger Mann, auf den die Personenbeschreibung der Nachbarn passt. Er trägt allerdings nicht die beschriebene Kleidung. Auf Bitten der Beamten hin weist er sich aus. Die Beamten teilen dem Mann, der alleiniger Wohnungsinhaber ist, die Geschehnisse mit und ordnen die Durchsuchung an, da sie nicht freiwillig in die Wohnung gelassen werden. Bei der Durchsuchung findet sich ein Müllsack voller Kleidung, auf die die Beschreibung der Nachbarn zutrifft, und im Bad ein paar Schuhe, deren Sohlen augenscheinlich gerade gereinigt worden sind. Auf der Spüle finden sie ein Messer, dessen Griff dunkle Flecken aufweist.

War die Identitätsfeststellung rechtmäßig?

War die Durchsuchung rechtmäßig?

Vorüberlegungen

Der Fall weist neben den Standardproblemen insbesondere einen Schwerpunkt im Bereich „Beiziehung von Durchsuchungszeugen“

auf. § 105 II StPO ist eine wesentliche Förmlichkeit, eine Nichtbeachtung der Vorschrift macht die Durchsuchung rechtswidrig. Folge davon ist, dass sich ein von der rechtswidrigen Durchsuchung Betroffener gegen die Durchsuchung wehren kann, ohne sich wegen § 113 StGB strafbar zu machen.

Gliederung

1. Rechtmäßigkeit der Identitätsfeststellung gem. § 163b I StPO
   - 1.1 Anordnungsvoraussetzungen
     - Verdacht einer Straftat +
     - Betroffener ist Verdächtiger +
     - Identität ist den Polizeibeamten nicht bekannt +
     - Belehrung gem. § 163a IV 1 StPO +
     - Generalklausel +
   - 1.2 Anordnungskompetenz +
   - 1.3 Verhältnismäßigkeit +
2. Rechtmäßigkeit der Durchsuchung gem. § 102 StPO
   - 2.1 Anordnungsvoraussetzungen
     - Verdacht einer Straftat +
     - Betroffener ist Verdächtiger +
     - Durchsuchung der Wohnung +
     - Auffindungsvermutung +
     - Ergreifungsvermutung +
     - Verhältnismäßigkeit +
   - 2.2 Anordnungskompetenz gem. § 105 I StPO
     - hier: Staatsanwaltschaft und ihre Ermittlungspersonen +
     - Gefahr im Verzug +
   - 2.3 Form- und Durchführungsvorschriften
     - § 106 I StPO +
     - § 105 II StPO
Problem: Möglichkeit der Zeugenhinzuziehung +
     - § 107 StPO +

Gutachten

1. Rechtmäßigkeit der Identitätsfeststellung

Die Identitätsfeststellung könnte gem. § 163b I StPO gerechtfertigt gewesen sein.

1.1 Anordnungsvoraussetzungen

Dazu müsste der Betroffene *Verdächtiger einer Straftat* gewesen sein. Hier liegen konkrete tatsächliche Anhaltspunkte für das Vorliegen einer tatbestandlichen und rechtswidrigen Tat vor, nämlich einem Tötungsdelikt. Zeugen konnten den Täter beschreiben und äußerten eine Vermutung bezüglich seiner Identität. Als den ermittelnden Beamten eine Person öffnet, die der Täterbeschreibung entspricht, liegen konkrete, tatsächliche Anhaltspunkte vor, die den Betroffenen als Täter dieses Tötungsdeliktes erscheinen lassen. Der Betroffene ist also Verdächtiger einer Straftat.

Die *Identität* ist den Polizeibeamten auch nicht bekannt, da ihnen die persönlichen Daten des Verdächtigen nicht vorliegen.

Es ist davon auszugehen, dass der Verdächtige gem. § 163a IV 1 StPO *belehrt* wurde.

1.2 Anordnungskompetenz

Die Anordnung wurde von einem – dazu befugten – Polizeibeamten getroffen.

Die Maßnahme müsste auch durch § *163b I 1 StPO* gedeckt sein. Die Aufforderung, sich durch Vorlegen des Personalausweises auszuweisen, ist durch § 163b I 1 StPO gedeckt. Eine Maßnahme mit geringerer Intensität ist nicht denkbar.

1.3 Verhältnismäßigkeit

Die polizeiliche Maßnahme ist auch geeignet, die Identität festzustellen, eine den Verdächtigen weniger belastende Maßnahme ist nicht denkbar. Zudem stehen die Maßnahme – Vorlegen lassen der Papiere – und der dadurch verfolgte Zweck – Feststellen der Identität – nicht außer Verhältnis. Die Maßnahme war also *verhältnismäßig.*

Förmlichkeiten waren keine zu beachten, daher ist die Identitätsfeststellung rechtmäßig.

2. Rechtmäßigkeit der Durchsuchung

Die von den Beamten angeordnete Durchsuchung könnte gem. § 102 StPO gerechtfertigt sein.

2.1 Anordnungsvoraussetzungen

Die Durchsuchung der von A bewohnten Wohnung ist dann als zulässig anzusehen, wenn er Tatverdächtiger war und wenn die Vermutung bestand, bei einer Durchsuchung könne eine Spur oder ein Beweisgegenstand gefunden werden.

Tatverdächtiger ist derjenige, gegen den sich als Täter ein einfacher Tatverdacht i.S.d. § 152 II StPO richtet. Es müssen also zureichende tatsächliche Anhaltspunkte für eine verfolgbare Straftat vorliegen, wobei jedoch die bloße Möglichkeit einer strafgerichtlichen Verurteilung ausreicht.

Im vorliegenden Fall haben die Beamten aufgrund der am Tatort aufgefundenen Fußspur, der Blutspuren sowie der Zeugenaussagen der Nachbarn Verdacht gegen den A geschöpft, Täter des Tötungsdeliktes zu sein. Das Verhalten des A wäre dann als Täterschaft eines Totschlags gem. § 212 StGB oder des Mordes gem. §§ 212, 211 StGB zu werten. Es erscheint aufgrund der bisher vorliegenden Ermittlungsergebnisse nicht ausgeschlossen, dass der A auch wegen dieser Tat verurteilt werden wird. Es lagen also zureichende tatsächliche Anhaltspunkte für eine verfolgbare Straftat i.S.d. § 152 II StPO vor. Dieser *einfache Tatverdacht* richtet sich auch gegen den A.

§ 102 StPO erlaubt die *Durchsuchung der Wohnung* des Verdächtigen.

Schließlich setzt eine Haussuchung gem. § 102 StPO die Vermutung voraus, dass sie zum *Auffinden von Beweismitteln* führen würde. Hier genügt die allgemeine kriminalistische Erfahrung, eine derartige Durchsuchung würde zum Erfolg führen. Letzteres ist regelmäßig nur dann nicht der Fall, wenn nach der Lage der Dinge mit Sicherheit das Vorliegen von Beweismitteln ausgeschlossen werden kann.

Die kriminalistische Erfahrung zeigt jedoch, dass sich an der Kleidung und an den Schuhen des Täters eines Tötungsdeliktes der beschriebenen Art Spuren und Anhaftungen zeigen können, die Rückschlüsse auf die Täterschaft erlauben oder auch zu seiner Entlastung dienen können. Zudem besteht eine gewisse Wahrscheinlichkeit, dass sich die Tatwaffe wird finden lassen. Die Polizeibeamten durften also davon ausgehen, dass wichtige Beweisstücke bei A zu finden sein würden.

Die Durchsuchung dient auch der *Ergreifung* des Tatverdächtigen A.

Die Durchsuchung müsste auch *verhältnismäßig*, also geeignet, erforderlich und angemessen gewesen sein.

Geeignet ist eine Maßnahme, wenn durch sie das angestrebte Ziel erreicht werden kann. Durch die Durchsuchung könnten die genannten Beweismittel gefunden werden.

Erforderlich ist eine Maßnahme, wenn sie das mildeste Mittel ist. Hier hätte es ein milderes Mittel gegeben: Die Polizeibeamten hätten den Betroffenen auffordern müssen, die vermuteten Beweismittel herauszugeben. Hätte er dies getan, hätte es keinen Grund mehr gegeben, die Wohnung zu durchsuchen. Hier wird der A mit den Geschehnissen konfrontiert. Ihm wird laut Sachverhalt ein entsprechender Vorhalt gemacht. Der A weigert sich zu kooperieren. Es ist davon auszugehen, dass er nicht bereit war, die geforderten Beweismittel auszuhändigen. Die Maßnahme war also auch erforderlich.

Sie müsste auch angemessen gewesen sein. Dies ist dann der Fall, wenn das verletzte Rechtsgut des Betroffenen nicht in krassem Missverhältnis zum Strafverfolgungsinteresse des Staates steht. Hier geht es um die Aufklärung und Ahndung eines Tötungsdeliktes. Demgegenüber steht das Grundrecht der Unverletzlichkeit der Wohnung, Art 13 GG. Angesichts der Schwere des Tatvorwurfs wiegt das Interesses des Staates, also der Allgemeinheit, an der Durchführung der Maßnahme schwerer als die Rechtsgutverletzung des A.

Die Maßnahme war auch verhältnismäßig.

Die Voraussetzungen für eine Durchsuchung gem. § 102 StPO waren also gegeben.

2.2 Anordnungskompetenz

Die Haussuchung müsste ordnungsgemäß angeordnet worden sein. Die Anordnungsbefugnis einer Durchsuchung liegt grundsätzlich beim Richter, § 105 I StPO. Jedoch können ausnahmsweise auch die Staatsanwaltschaft und ihre Ermittlungspersonen die Durchsuchung anordnen, wenn Gefahr im Verzug vorliegt.

Im Sachverhalt werden die Beamten als *Ermittlungspersonen der Staatsanwaltschaft* gem. § 152 GVG bezeichnet.

Es müsste auch *Gefahr im Verzug* vorgelegen haben. Dies ist dann zu bejahen, wenn wegen der durch die richterliche Anordnung bedingten Verzögerung das Auffinden von Beweisstücken oder das Ergreifen des Verdächtigen vereitelt oder doch erheblich erschwert würde. Hier liegt der Verdacht eines Tötungsdeliktes vor. Es ist damit zu rechnen, dass der Verdächtige versuchen wird, sich durch Flucht dem drohenden Strafverfahren zu entziehen. Gleichfalls ist die Gefahr groß, dass der Verdächtige ihn belastende Spurenträger beseitigen wird.

Demnach waren die Beamten berechtigt, die Durchsuchung anzuordnen.

2.3 Form- und Durchführungsvorschriften

Einschränkungen, wie z. B. § 104 StPO sind lt. Sachverhalt nicht ersichtlich.

Die ordnungsgemäße Durchführung einer Durchsuchung gem. § 102 StPO setzt ferner das Beachten verschiedener Formvorschriften voraus.

Zunächst hat der Wohnungsinhaber – hier also A – ein Recht auf die Anwesenheit bei der Durchsuchung, § *106 I 1 StPO*. Hier hat der A der Durchsuchung beigewohnt.

Außerdem hätten die Polizeibeamten, da die Durchsuchung bei A ohne Beisein eines Richters oder Staatsanwaltes stattfand, Durchsuchungszeugen beiziehen sollen, § *105 II StPO*. Zweck dieser Bestimmung ist es, die ordnungsgemäße Durchführung der Zwangsmaßnahme durch Zeugen beweisen zu können. Die Beiziehung darf jedoch ausnahmsweise unterbleiben, wenn sie „nicht möglich“ ist. Nicht möglich ist sie beispielsweise dann, wenn der durch das Suchen und Beiziehen von Durchsuchungszeugen entstehende Zeitverlust den Erfolg der Durchsuchung vereiteln würde. Hier bestand die Gefahr, dass A sich der ihn belastenden Beweisgegenstände alsbald entledigen würde und möglicherweise sich der Strafverfolgung durch Flucht entziehen würde. Auch ist aus dem Sachverhalt nicht zu ersehen, ob Nachbarn als Mitglieder der Gemeinde überhaupt in der Nähe waren. Schon dadurch war die Beiziehung von Durchsuchungszeugen nicht möglich. Zudem handelte es sich hier aber auch um eine Maßnahme gegen einen potentiellen Gewalttäter. Eine Gefahr für eventuelle Zeugen konnte nicht ausgeschlossen werden. Auch dadurch war die Hinzuziehung von Zeugen aus tatsächlichen Gründen nicht möglich.

Die Polizeibeamten waren also befugt, die Maßnahme ohne Durchsuchungszeugen durchzuführen.

Es wird davon ausgegangen, dass auch der Vorschrift des § *107 StPO* genügt wurde.

Die von den Polizeibeamten vorgenommene Durchsuchung war rechtmäßig.

Fall 24: Identitätsfeststellung beim Kind, § 163b I, II StPO

Sachverhalt

Der 13jährige Tonio ist für sein Alter groß und kräftig. Er bedroht an einem Samstagnachmittag den 10jährigen Martin mit einem Messer und lässt sich von ihm dessen Lederjacke geben. Dabei wird er von Passanten beobachtet, die dem kindlichen Opfer zu Hilfe kommen. Martin bekommt seine Jacke zurück. Tonio, der das Messer auf der Flucht fallengelassen hat, wird gefasst und den herbeigerufenen Polizeibeamten übergeben. Tonio sagt den Beamten weder Namen noch Wohnort oder Alter. Eine Durchsuchung seiner Person bleibt ergebnislos, während der erkennungsdienstlichen Behandlung klärt er die Beamten über seine Personalien auf. Tonio war weder mit der Durchsuchung noch mit der erkennungsdienstlichen Behandlung einverstanden. Ein Richter zur Anordnung der erkennungsdienstlichen Behandlung wurde nicht erreicht.

Eine Überprüfung ergibt, dass Tonio noch Kind ist. Daraufhin wird die erkennungsdienstliche Behandlung abgebrochen. Tonios Eltern werden benachrichtigt, Tonios Personalien gelten, nachdem die Eltern ihren Sohn auf dem Revier erkannten, als gesichert. Daraufhin wird Tonio seinen Eltern übergeben.

War die Identitätsfeststellung rechtmäßig?

Vorüberlegungen

Zwar gilt, dass zur Vornahme einer Identitätsfeststellung beim Verdächtigen nicht der Verdacht einer schuldhaft begangenen rechtswidrigen Tat vorliegen muss. Einer Straftat verdächtig ist nämlich auch der, gegen den überhaupt ein Strafverfahren, wenn auch vielleicht nur in Richtung auf Verhängung von Maßregeln der Besserung und Sicherung, betrieben werden kann. Auch hier sind verfahrenssichernde Maßnahmen sinnvoll. Dies gilt für Schuldunfähige gem. § 20 StGB, nicht jedoch für Strafunmündige gem. § 19 StGB, da ihnen gegenüber ein absolutes Verfahrenshindernis besteht. Gegenüber Kindern dürfen also Maßnahmen gem. § 163b I StPO nicht durchgeführt werden. Die gesetzgeberische Entscheidung, Kinder unter 14 Jahre nicht für strafrechtlich verantwortlich zu stellen, bedeutet nicht, dass auf jegliche staatliche Kontrolle verzichtet wird. Diese Kontrolle bleibt aber auf das Kinder- und Jugendhilferecht beschränkt, das keine untere Altersgrenze kennt.[30]

Strafrecht zielt immer darauf ab, eine Person wegen ihres Fehlverhaltens zur Rechenschaft zu ziehen. Aufgabe der Polizei ist es, Straftaten zu erforschen (§ 163 StPO), diese müssen aber auch „verfolgbar“ sein (§ 152 II StPO). Wenn klar ist, dass niemand bestraft werden kann (z. B. bei exterritorialen Diplomaten oder bei Tod des Beschuldigten), sind weitere Ermittlungen ausgeschlossen. Ebenso ist die Situation beim Kind. Sobald sich der Verdacht einer Täterschaft gegen ein Kind richtet, bietet das Strafprozessrecht keine Handhabe weiterer Nachforschungen in dieser Richtung. Allenfalls können Kindestaten Anlass für Ermittlungen sein, wenn sich ein – weiterer – Tatverdacht gegen beteiligte Strafmündige richtet. Dafür bedarf es allerdings auch „zureichender tatsächlicher Anhaltspunkte“ (§ 152 II StPO) für die Straftat eines Dritten, also konkrete Fakten, aus denen sich ein Verdacht ableiten lässt. Insbesondere kann nicht automatisch den Eltern eine grundsätzliche strafrechtliche Verantwortlichkeit gem. § 171 StGB unterstellt werden, wenn ihre Kinder delinquent auffällig werden,[31] es sei denn, sie dulden den kriminellen Umgang oder das kriminelles Verhalten ihres Kindes.[32]

Wenn aber gegen einen Dritten ermittelt wird, nimmt das Kind die Rolle des Zeugen ein. Auch Rechtseingriffe, denen Zeugen ausgesetzt sind, unterliegen dem Grundsatz der Verhältnismäßigkeit, die bei Kindern besonders sorgfältig zu prüfen ist.

Im vorliegenden Fall begeht ein Kind eine Straftat. Den ermittelnden Polizeibeamten ist aber nicht bekannt, dass es sich bei dem Täter um einen Strafunmündigen handelt. In einem solchen Fall dürfen die Beamten solange aus § 163b I StPO heraus handeln, bis diese Tatsache feststeht. Dabei ist bei so jungen Tatverdächtigen die Altersfrage als Teil der Identitätsfeststellung vorrangig zu klären.

---

30 Vgl. für viele: *Frehsee,* ZfJ 91, 223; auch *Verrel,* NStZ 2001, 284.
31 *Frehsee,* ZfJ 91, 223,225.
32 *Neuheuser,* NStZ 2000, 174, 178.

Gliederung

Rechtmäßigkeit der Identitätsfeststellung gem. § 163b I StPO

1. Anordnungsvoraussetzungen
   - Verdacht einer Straftat +
   - Betroffener ist Verdächtiger, +
     Problem: Strafmündigkeit
   - Identität nicht bekannt +
   - Belehrung gem. §§ 163b I 1 HS 2, 163a IV 1 StPO +
2. Anordnungskompetenz +
3. Maßnahme = erkennungsdienstliche Behandlung durch § 163b I 1 StPO gedeckt ? +
4. Verhältnismäßigkeit +
   Problem: Angemessenheit der Maßnahme bei einem Kind/ Jugendlichen
5. Form- und Durchführungsvorschriften +
   § 163c StPO +

Gutachten

Rechtmäßigkeit der Identitätsfeststellung

Die Identitätsfeststellung könnte gem. § 163b I StPO gerechtfertigt gewesen sein.

1. Anordnungsvoraussetzungen

Dazu müsste der Betroffene *Verdächtiger einer Straftat* gewesen sein. Hier liegen konkrete tatsächliche Anhaltspunkte für das Vorliegen einer tatbestandlichen und rechtswidrigen Tat vor, nämlich einem schweren Raub gem. §§ 249, 250 StGB oder einer schweren räuberischen Erpressung gem. §§ 253, 255, 250 StGB. Zeugen hielten den auf frischer Tat betroffenen Täter fest. Durch die Zeugenaussagen liegen konkrete, tatsächliche Anhaltspunkte vor, die Tonio als Täter dieses Raubes oder Erpressungsdeliktes erscheinen lassen. Tonio ist also Verdächtiger einer Straftat. Fraglich ist gleichwohl, ob

§ 163b I StPO auf ihn anzuwenden ist, denn laut Sachverhalt ist Tonio als 13jähriger ein *Kind*. Damit ist er *strafunmündig*, § 19 StGB. Strafunmündigkeit stellt im formellen Sinn ein Prozesshindernis dar. Da ein Strafverfahren gegen ein Kind also nicht durchgeführt werden kann, dürfen Polizeibeamte auch keine repressiven Maßnahmen gegen ein Kind als mutmaßlichen Alleintäter treffen. Wäre den Polizeibeamten Tonios Identität und damit sein Alter bekannt, dürften sie weitere strafverfolgende Maßnahmen gegen Tonio nicht mehr durchführen. Gleiches würde gelten, wenn Tonio auf den ersten Blick als Kind zu erkennen gewesen wäre.

Dies ist hier nicht der Fall. Tonio ist 13 Jahre alt, groß und kräftig. Das genaue Alter eines jungen Menschen zwischen Kindheit und Jugendalter lässt sich diesem nicht mit Eindeutigkeit ansehen. Deshalb ist auch die Altersfeststellung Teil des Ermittlungsverfahrens. Unter diesen Umständen konnten die Beamten nicht davon ausgehen, dass der Verdächtige noch Kind sei. Zweifel in dieser Frage gehen zu Lasten des Betroffenen. Er darf also solange als Strafmündiger behandelt werden, bis sein Alter feststeht.

Tonio ist also einer verfolgbaren Straftat verdächtig.

Die *Identität* ist den Polizeibeamten auch *nicht bekannt*, da ihnen die persönlichen Daten des Verdächtigen nicht vorliegen.

Der von einer Identitätsfeststellung betroffene Verdächtige ist zu Beginn der Maßnahme über deren Grund zu *belehren, §§ 163b I 1. HS 2, 163a IV 1 StPO*; ihm ist zu eröffnen, welche Tat ihm zur Last gelegt wird. Dabei genügt die Darstellung des Vorgangs, eine rechtliche Subsumtion ist nicht erforderlich. Da die Belehrung das Ziel verfolgt, den Verdächtigen nicht im Unklaren über den Grund der gegen ihn getroffenen Maßnahme zu lassen, ist die Belehrung entbehrlich, wenn der Grund der Identitätsfeststellung dem Verdächtigen bekannt ist.

Aus dem Sachverhalt geht nicht hervor, dass Tonio belehrt wurde. Er wurde allerdings auf frischer Tat betroffen und von Passanten festgehalten bis zum Eintreffen der Polizei. Ihm muss klar gewesen sein, dass seine Identität aufgrund seines Verhaltens gegenüber Martin festgestellt werden sollte. Ein entsprechender Vorhalt war somit entbehrlich.

2. Anordnungskompetenz

Die Anordnung wurde von einem – dazu befugten – Polizeibeamten getroffen.

3. Maßnahme

Die Maßnahme müsste auch durch § 163b I 1 StPO gedeckt sein. Nachdem weder ein Vorgehen nach der Generalklausel noch die Durchsuchung des Tonio Anhaltspunkte für seine Identität gegeben haben, blieb als letzte vom Gesetzgeber vorgesehene Möglichkeit die erkennungsdienstliche Behandlung. Eine Maßnahme mit geringerer Intensität führte nicht zum Erfolg.

Es wird davon ausgegangen, dass die von den Polizeibeamten ergriffenen Maßnahmen durch § 163b I 3 2. Alt. StPO gedeckt waren.

Eine erkennungsdienstliche Behandlung beinhaltet ein Festhalten, daher sind die Förmlichkeiten des § 163c StPO zu beachten. Tonio hätte also unverzüglich dem Amtsrichter vorgeführt werden müssen, es sei denn, dass bis zur Erlangung der richterlichen Entscheidung voraussichtlich längere Zeit vergeht als bis zur Feststellung der Identität. Hier war kein Amtsrichter zeitnah zu erreichen, so dass seine Anrufung zu einer ungebührlichen Verlängerung des Festhaltens führen würde.

Auch wurde die erkennungsdienstliche Behandlung abgebrochen und Tonio seinen Eltern übergeben, als seine Identität feststand. § 163c III StPO wurde also beachtet.

4. Verhältnismäßigkeit

Die Maßnahme müsste auch verhältnismäßig sein.

Die polizeiliche Maßnahme war geeignet, die Identität festzustellen. Daran ändert auch die Tatsache nichts, dass Tonio letztendlich seine Identität selbst preisgab.

Sie war auch erforderlich, nachdem die Tonio weniger belastenden Maßnahmen wie Befragen, Festhalten, Durchsuchung nicht zum Erfolg führten.

Fraglich ist, ob die Maßnahme auch angemessen war. Dabei dürfen die Maßnahme und ihr Zweck sowie die Rechte des Betroffenen nicht in einem unangemessenen Verhältnis stehen. Zweifel ergeben sich hier aus der Tatsache, dass Tonio noch Kind war, er also in einem besonderen Maße durch die gegen ihn durchgeführten Maßnahmen zu beeindrucken war. Auch wenn für die Beamten nicht zu erkennen war, dass Tonio noch nicht strafmündig war, so konnten sie ohne weiteres ersehen, dass er zumindest noch nicht erwachsen war. Auch bei Maßnahmen gegen Jugendliche sind an die Verhältnismäßigkeit strenge Anforderungen zu stellen. Auf der anderen Seite musste eine Straftat von erheblichem Gewicht aufgeklärt werden. Das Strafverfolgungsinteresse des Staates an der Aufklärung eines Raubes oder einer räuberischen Erpressung wiegt schwer, umso mehr, als dass das Opfer ein Kind sein sollte. Bei Abwägung dieser Faktoren muss festgestellt werden, dass die erkennungsdienstliche Behandlung zum Zwecke der Identitätsfeststellung nicht unangemessen in die Rechte Tonios eingriff.

Die Maßnahme war insgesamt verhältnismäßig.

5. Form- und Durchführungsvorschriften

§ 163c StPO wurde beachtet.

Die Maßnahme gem. §§ 163b I, 163c StPO war rechtmäßig.

Fall 25:
Vernehmung, hier: unterbliebene Belehrung, §§ 136, 163a IV, StPO

Sachverhalt[33]

Der nicht vorbestrafte, auch nicht mit Verkehrsordnungswidrigkeiten aufgefallene Albert Baum führte nachts ein KFZ unter – wie sich später nach Untersuchung der Blutprobe herausstellte – dem Einfluss einer BAK von 1, 67 Promille. Er verlor die Gewalt über sein Fahrzeug, das stark beschädigt liegenblieb und entfernte sich. Der Polizeibeamte P fand in dem Unfallfahrzeug den Führerschein des Baum. Etwa eine halbe Stunde nach dem Unfall traf der P auf den Baum, der auf der vom Unfallort weg führenden Straße ging. Baum roch nach Alkohol, sprach verwaschen und hatte Schwierigkeiten, sich zu konzentrieren. Gleichwohl wirkte er so, als könne er einem Gespräch inhaltlich folgen. Der Baum gab zunächst an, Ast zu heißen. Zudem gab er eine falsche Wohnadresse an. Der P hatte aufgrund der Namen und dem Aussehen des Baum den Verdacht, der Baum sei die in dem Führerschein bezeichnete Person und hielt ihm das vor. Der Baum räumte dies ein. Auf den Verkehrsunfall angesprochen, bestritt er allerdings, das Fahrzeug geführt zu haben, er sei Beifahrer gewesen, wolle aber den Namen des Fahrers nicht nennen und auch zum Unfallhergang nichts sagen. Der Baum behauptete, er habe nach dem Unfall noch zwei Glas Bier getrunken. P hat den Baum zu keiner Zeit über seine Rechte belehrt.

Ist die Aussage des Baum rechtmäßig zustande gekommen?

Im weiteren Verfahren schweigt der Baum zu den Vorwürfen. Sein Verteidiger rügt die Einführung der Aussage Baums in die Hauptverhandlung.

Ist die oben beschriebene Aussage verwertbar?

33 Sachverhalt nach BGHSt, 38, 214

Vorüberlegungen

Der vorstehende Fall gibt Anlass, über die Abgrenzung zwischen informatorischer Befragung, die einer Vernehmung in der Regel vorausgeht, und der Vernehmung eines Beschuldigten zu unterscheiden. Nur im letzten Fall müssen die Beamten des Polizeidienstes den Betroffenen über seine Rechte belehren. Entschieden werden muss hier also über das Vorliegen eines Beweiserhebungsverbotes, das grundsätzlich von Amts wegen im Verfahren beachtet werden muss.

Davon zu trennen ist das Verbot, ein möglicherweise unrechtmäßig erlangtes Beweismittel im Verfahren zu verwerten. Die Strafprozessordnung trifft keine abschließende Regelung über Beweisverwertungsverbote. Die Frage, ob ein Beweiserhebungsverbot ein Beweisverwertungsverbot nach sich zieht, muss für jede Vorschrift und für jede Fallgestaltung besonders entschieden werden. Dabei fällt das Gewicht des Verfahrensverstoßes sowie seine Bedeutung für die rechtlich geschützte Sphäre des Betroffenen ebenso ins Gewicht wie die Erwägung, dass die Wahrheit nicht um jeden Preis erforscht werden muss.

Inhaltlich ist zu diskutieren, inwieweit ein Beschuldigter mangels Belehrung über seine Rechte in die Gefahr gerät, sich selbst zu belasten. Dabei geht der BGH davon aus, dass ein Beschuldigter bei der ersten Vernehmung durch die Polizei in hohem Maß der Gefahr ausgesetzt ist, sich unbedacht selbst zu belasten. Niemand aber muss zum Beweismittel gegen sich selbst werden. Während sich ein Angeklagter in der Hauptverhandlung auf sein Aussageverhalten in Ruhe vorbereiten kann und dabei auch Rechtsrat einholen kann, oft auch durch einen Verteidiger unterstützt und vertreten wird, trifft die erste Vernehmung durch die Polizei den Beschuldigten oft unvorbereitet, ohne Ratgeber und auch sonst von der vertrauten Umgebung abgeschnitten. Oft ist er durch die Ereignisse verwirrt und durch die ungewohnte Umgebung und Situation bedrückt und verängstigt. Dies gilt umso mehr, wenn ein Beschuldigter keine Erfahrung mit der Polizei hat und bislang unbescholten war. Die ersten Angaben, die ein Beschuldigter bei der Polizei macht, sind in der Regel danach seinen Einwirkungen entzogen und entfalten auch bei einer Änderung des Aussageverhaltens eine faktische Wirkung, die für den weiteren Verlauf des Verfahrens von erheblicher Bedeutung sind. Daher ist sorgfältig zu prüfen, inwieweit das Gebot einer umfassenden und ordnungsgemäßen Belehrung auch durch die vernehmenden Polizeibeamten beachtet wurde.[34]

Gliederung

1. Frage 1: Rechtmäßigkeit des Zustandekommens der Aussage gem. § 136 Abs. I StPO
   1.1 Belehrung gem. §§ 163a IV, 136 I StPO
      - Beschuldigter
      - Problem: Abgrenzung zur informatorischen Befragung
      - Definition der Beschuldigteneigenschaft
      - Tatverdacht
      - Verfahren wird gerade dem Betroffenen gegenüber betrieben

   1.2 Bestimmung des Zeitpunkts, ab dem der Betroffene als Beschuldigter gilt
      - Pflicht zur Belehrung
2. Frage 2: Verwertbarkeit der rechtswidrig erlangten Aussag e
      - Schweigerecht des Beschuldigten als Ausfluss verfassungsrechtlicher Garantien, also: Unverwertbarkeit

Gutachten

1. Frage 1: Rechtmäßigkeit des Zustandekommens der Aussage gem. § 136 I StPO

1.1 Belehrung gem. §§ 163a IV, 136 I StPO

Der Baum hätte über seine Rechte belehrt werden müssen, wenn er als *Beschuldigter* eines Strafverfahrens vernommen worden wäre, §§ 163a IV, 136 I StPO. Danach obliegt auch den Beamten des Polizeidienstes die Pflicht, einen Beschuldigten über seine Rechte zu belehren, der Umfang der Belehrung bestimmt sich nach § 136 I StPO.

Abzugrenzen ist die Vernehmung von der sogenannten *informatorischen Befragung*. Letztere ist der Vernehmung regelmäßig vorgelagert. Bevor die Polizei eine bestimmte Person bewusst als Zeugen

34 BGHSt 38, 214, 221f.

oder Beschuldigten bezeichnen kann, muss sich der Beamte Klarheit darüber verschaffen, welcher Art der Auskunftspersonen der betroffene Bürger zuzurechnen ist. Auch muss sich der ermittelnde Beamte zunächst ein Bild von der Situation machen, ermitteln, welcher Tatbestand verwirklicht sein könnte und zu klären versuchen, welche Personen an dem Geschehen beteiligt sein könnten. Wenn die informatorische Befragung, die noch keine Rechtspflichten auslöst, also unter anderem dazu dient, einer bestimmten Person einen bestimmten Tatvorwurf machen zu können, ist hier fraglich, ob und gegebenenfalls ab wann der Baum Beschuldigter eines Strafverfahrens war. Erst dann hatten die Polizeibeamten die Pflicht, den Baum zu belehren.

Der Begriff des *Beschuldigten* ist in der StPO nicht gesetzlich definiert.

Nach der sogenannten materiellen oder objektiven Theorie soll sich der Beginn der Beschuldigtenstellung allein nach dem Stand der Ermittlungen richten. Es müsse darauf abgestellt werden, ob eine Person vom Standpunkt des objektiven Betrachters in der jeweiligen Verfahrenslage nur als Beschuldigter in Frage komme, ob also zwingende tatsächliche Anhaltspunkte beigebracht und von einem Strafverfolgungsorgan zur Kenntnis genommen worden seien, so dass gem. § 152 II StPO ein Einschreiten geboten wäre. Dagegen ist einzuwenden, dass die StPO die Rechtsfigur des „verdächtigen Zeugen“ kennt, § 60 II StPO. Damit steht fest, dass auch ein Verdächtiger als Zeuge vernommen werden kann, Verdächtiger und Beschuldigter also nicht identisch sein müssen. Zum *Tatverdacht* muss also noch mindestens eine weitere Voraussetzung hinzukommen, damit der Verdächtige die Stellung eines Beschuldigten erhält.

Nach der formellen oder subjektiven Theorie wird die Beschuldigteneigenschaft nicht schon durch den Tatverdacht begründet, sondern dadurch, dass *das zuständige Strafverfolgungsorgan das Verfahren gegen den Betroffenen gerade als Beschuldigten* betrieben hat. Ausschlaggebender Faktor ist damit ein Willensakt der zuständigen Strafverfolgungsbehörde, der zu der reinen Verdachtslage hinzutreten muss. Dagegen ist einzuwenden, dass eine rein formale, von der jeweiligen Verdachtslage unabhängige Definition des Beschuldigtenbegriffs die Gefahr eines Missbrauchs und einer Umgehung der Beschuldigtenrechte durch die Verfolgungsorgane in sich birgt. Dann nämlich könnten die Strafverfolgungsorgane den Zeitpunkt, ab wann sie einen verdächtigen Zeugen als Beschuldigten ansehen, ungebührlich weit nach hinten verschieben und ihn damit wichtiger Rechte berauben. Grundsätzlich haben die Strafverfolgungsbehörden einen Beurteilungsspielraum, ab wann sie gegen einen Verdächtigen als Beschuldigten vorgehen. Immer dann allerdings, wenn sich der bereits bei Beginn der Vernehmung bestehende Verdacht so verdichtet hat, dass die vernommene Person ernstlich als Täter der untersuchten Straftat in Betracht kommt, überschreitet die Strafverfolgungsbehörde den ihr eingeräumten Beurteilungsspielraum, wenn sie nunmehr nicht von der Zeugenvernehmung zur Beschuldigtenvernehmung wechselt.

Nach alledem erscheint es angemessen, den subjektiven und objektiven Ansatz miteinander zu verbinden. Dann nämlich ist zunächst bedeutsam die Stärke des Tatverdachts, den der ermittelnde Polizeibeamte gegenüber dem Befragten hat. Dabei hat er zwar einen Beurteilungsspielraum, den er aber nicht missbrauchen darf mit dem Ziel, den Zeitpunkt der Belehrung möglichst weit nach hinten zu verlegen. Daneben ist aber auch noch von Bedeutung, wie sich das Verhalten des Beamten nach außen, auch in der Wahrnehmung des Betroffenen, darstellt.

Als Beschuldigter eines Strafverfahrens gilt also derjenige, gegen den sich Verdachtsmomente auf Grund konkreter Anhaltspunkte so wesentlich erhärtet haben, dass die Strafverfolgungsorgane Maßnahmen treffen, die erkennbar darauf abzielen, gegen den Tatverdächtigen strafrechtlich vorzugehen, gegen ihn also in einem laufenden oder einzuleitenden Strafverfahren als den mutmaßlichen Täter vorzugehen. Wann ein Tatverdächtiger zum Beschuldigten wird, ist dabei nicht allein objektiv zu bestimmen. Ausschlaggebend ist dabei der Wille der Strafverfolgungsorgane.

Zunächst könnte der Beamte in Baum einen Fußgänger gesehen haben, der als möglicher Zeuge in Betracht käme. Bei der polizeilichen Frage nach der Identität des Fußgängers handelt es sich also noch um eine informatorische Befragung; es ist nicht unzulässig, eine Person nach ihrer Identität zu befragen, um zu klären, ob sie als Zeuge oder Beschuldigter in einem Strafverfahren in Frage kommt. Spätestens, als dem P die Ähnlichkeit mit dem Bild im Führerschein auffiel und er durch die Namensähnlichkeit („Baum“ – „Ast“) aufmerksam wurde, schöpfte der P Tatverdacht wegen Verstoßes gegen § 316 StGB gegen den Baum. Ab diesem Zeitpunkt hatte er in seiner

Eigenschaft als Organ der Rechtspflege auch Verfolgungswillen gegen den Baum. Weitere Fragen nach dem Fahrer des Unfallwagens konnten nur noch eine weitere Einkreisung des Baum bezwecken, die entweder ein Geständnis oder die Verstrickung in weitere Ungereimtheiten nach sich gezogen hätten. Einen Beurteilungsspielraum, der es dem P erlaubt hätte, den Baum noch als Zeugen zu behandeln, kann dem Polizeibeamten in dieser Situation nicht mehr zugestanden werden. Bevor der P dem Baum weitere Fragen oder Vorhalte machte, *hätte er ihn über seine Rechte belehren müssen.*

Da die Belehrung gem. §§ 163a IV, 136 I StPO hier geboten war, ist die Aussage des Baum rechtswidrig erlangt worden.

2. Frage 2: Verwertbarkeit der gewonnenen Aussage

Fraglich ist, ob die rechtswidrig erlangte Aussage des Baum im Verfahren verwertet werden darf. Obwohl zu berücksichtigen ist, dass Verwertungsverbote die Möglichkeiten der Wahrheitsfindung beeinträchtigen, liegt ein solches doch nahe, wenn die verletzte Verfahrensvorschrift dazu bestimmt ist, die Grundlagen der verfahrensrechtlichen Stellung des Beschuldigten oder Angeklagten im Strafverfahren zu sichern. Fraglich ist, welche grundsätzlichen Verfahrensrechte des Beschuldigten § *136 I StPO* schützen soll.

Ein solches Beschuldigtenrecht könnte der Grundsatz sein, dass niemand im Verfahren gegen sich selbst aussagen muss, der Beschuldigte also ein *Schweigerecht* hat. Die Anerkennung dieses Schweigerechts entspricht der Achtung vor der Menschenwürde. Sie schützt das Persönlichkeitsrecht des Beschuldigten und ist notwendiger Bestandteil eines fairen Verfahrens. Dieses Persönlichkeitsrecht erlaubt dem Beschuldigten, Informationen über seine Beziehung zur untersuchten Tat zurückzuhalten, also frei zu entscheiden, ob er sich redend oder schweigend verteidigen will.

§ 136 I 2 StPO verpflichtet den Vernehmenden, den Beschuldigten auf sein *Schweigerecht* hinzuweisen. Das Gesetz geht also davon aus, dass ein solcher Hinweis zur Wahrung der Rechte des Beschuldigten notwendig ist, weil das Schweigerecht nicht allgemein bekannt ist.

Obwohl § 136 I StPO eine einfachgesetzliche Belehrungspflicht normiert, ist sie im Gesamtgefüge der Normen letztlich als Ausprägung der durch Art. 1 I GG verankerten Menschenwürde und des Persönlichkeitsrechts i.S.d. Art. 2 I GG zu verstehen. Potentielle Freiheiten und Rechte werden nämlich erst dann zu realen Reaktionsmöglichkeiten, wenn der Rechtsträger seine Rechtsstellung kennt und deren Inhalt versteht.

Wenn dieser Hinweis unterbleibt, wird also das Recht des Beschuldigten verkürzt, so dass die Gefahr besteht, dass er über Reden oder Schweigen nicht mehr frei entscheidet, sondern im Schweigen Rechtsnachteile befürchtet. Dadurch wird sein Schweigerecht verkürzt. Daraus folgt, dass im Unterlassen des Hinweises ein Verfahrensverstoß von Gewicht vorliegt. Das Interesse des Beschuldigten, dass ihm gegenüber rechtsstaatlich verfahren wird, er also nicht Zeuge gegen sich selbst zu sein braucht, ist berührt[35]. Deshalb hat das Gesetz auch keine Ausnahmen von der Hinweispflicht vorgesehen.

Demnach begründet der Verstoß gegen die Hinweispflicht des Polizeibeamten nach § 136 I 2 StPO ein Verwertungsverbot.

35 Vgl. BGHSt 25, 325, 331.

Fall 26: Vernehmung, hier: Täuschung, §§ 136, 136a, 163a IV StPO

Sachverhalt[21]

Der O wurde durch Fußtritte getötet. Unter Tatverdacht geriet sein Bekannter A. A ist arbeitslos und ohne Berufsausbildung. Er ist nicht vorbestraft und hat auch sonst keine Erfahrungen im Umgang mit der Polizei.

Nach ordnungsgemäßer Belehrung stritt der A jegliche Tatbeteiligung ab und sagte aus, er sei zur Tatzeit daheim gewesen und habe geschlafen. Die der Polizei bekannten Umstände, die gegen diese Einlassung sprachen, waren keine den A stark belastenden Indizien. Dies erkannte der Vernehmungsbeamte V auch. Gleichwohl erklärte er dem A, gegen ihn lägen so viele Beweise vor, dass er auf keinen Fall entlassen werde, wenn er bei seiner Aussage bleibe. Er hätte überhaupt keine Chance, denn alles deute auf Mord hin und das bedeute für den A „lebenslänglich". Nur wenn er ein Geständnis ablege, könne er seine Lage verbessern, denn dann lasse sich prüfen, ob die Tat nicht als Totschlag oder als Körperverletzung mit Todesfolge zu bewerten sei. Im Laufe der Vernehmung wurde der A aufgrund der Vorhalte des V immer verwirrter. Schließlich räumte der A ein, er habe den O in der Tatnacht aufgesucht und mit Fußtritten traktiert. Er sagte dies deshalb aus, weil er dem V glaubte.

Ist die Aussage des A verwertbar?

Vorüberlegungen

Im Gegensatz zu den bisher begutachteten Fällen, bei denen ein Verwertungsverbot nicht aus einer Norm der StPO direkt abzuleiten war, geht es hier um die Prüfung einer verbotenen Vernehmungsmethode i.S.d. § 136a StPO. Liegt eine solcher Verstoß vor, so darf die so zustande gekommene Aussage nicht verwertet werden, § 136a III StPO.

---

36 Sachverhalt nach BGH JZ 89, 347 f.

Von § 136a StPO werden Fälle erfasst, in denen der Beschuldigte nicht mehr in der Lage ist, frei über seine Aussage zu entscheiden. Ratio des § 136a StPO ist es, das verfassungsrechtliche Gebot der Achtung der Menschenwürde auch für den Beschuldigten in der StPO zu verankern; keiner soll bloßes Objekt des Verfahrens sein. Zwar ist Ziel eines rechtsstaatlichen Verfahrens die Wahrheit zu erforschen, jedoch nicht um jeden Preis.

Ein zweiter Gedanke des § 136a StPO liegt jedoch auch darin, dass eine erzwungene Aussage einer Person von vornherein unbrauchbar ist, um zur Grundlage der richterlichen Überzeugung zu werden. Die erzwungene Aussage stammt ja nicht von ihm, da er in seiner Willensentschließung bzw. Willensbetätigung nicht frei, sondern eben gezwungen ist. Nicht er steht hinter der Aussage, sondern viel eher der Vernehmende und dies völlig unabhängig davon, ob die Aussage nun inhaltlich falsch oder wahr ist, ob gelogen wird oder nicht. Mit anderen Worten: Die Informationsquelle ist von vornherein vergiftet, da sie gar nicht das wiedergibt, was der Aussagende sagen wollte[37]

Der hier zu prüfende Tatbestand der „Täuschung“ ist einer des am schwierigsten zu konkretisierenden Verhaltens im Rahmen des § 136a StPO. Einigkeit besteht eigentlich nur darüber, dass nicht jedes täuschende Verhalten der Staatsorgane, insbesondere der Polizei im Rahmen einer Beschuldigtenvernehmung vom Verbot des § 136a StPO erfasst wird. Der Begriff der Täuschung als Bezeichnung für eine verbotene Vernehmungsmethode ist also restriktiv zu verstehen. Einerseits ist die Täuschung verboten, andererseits die kriminalistische List noch erlaubt. Die Abgrenzung des einen vom anderen ist jedoch abhängig vom Einzelfall, eine scharfe Trennung zwischen Vernehmungsstrategien, die gerade noch zulässig sind von solchen, die schon verboten sind, existiert nicht.

In diesem Zusammenhang ist zu diskutieren, ob auch unbeabsichtigte Täuschungen und in welchem Umfang Täuschungen durch Unterlassen in den Anwendungsbereich des § 136a StPO fallen. Fraglich ist auch, ob es mehr auf Verhaltensmerkmale der Vernehmungsperson ankommt oder auf die Wirkung dieses Verhaltens auf den Beschuldigten.

Eine mögliche Abgrenzung, die es erlaubt, List von Täuschung zu trennen, besteht zumindest für die Beschuldigtenvernehmung darin,

37 *Joerden*, JuS 93, 927f.

zu untersuchen, ob die Täuschung auch einen Unschuldigen, als der jeder Beschuldigte bis zur Verurteilung zu gelten hat, in Bedrängnis bringen würde, eine schädliche Aussage zu machen oder nicht. Täuschungen über eine erdrückende Beweislage oder die Belastung durch Aussagen anderer bringen auch den Unschuldigen in eine psychische Zwangslage, in der er zu dem Schluss kommen kann, durch falsche Einlassungen oder durch ein falsches Geständnis seine Lage zu verbessern. Fragen oder Verhaltensweisen dagegen, die nur dazu führen können, dass der Schuldige sich verrät, bringen den Unschuldigen gerade nicht in Bedrängnis und müssen deshalb erlaubt sein. Erst die durch die Täuschung bewirkte Zwangslage rechtfertigt die Gleichstellung dieser Vernehmungsmethode mit den anderen in § 136a StPO genannten Methoden, nur so werden Willensentschließungs- und Willensbetätigungsfreiheit wirklich entscheidend eingeschränkt.[38]

Im vorliegenden Fall steht eine bewusste Täuschung eines Vernehmungsbeamten im Raum. Problematisch ist hier zum einen, ob über den in Frage stehenden Inhalt des Vorhaltes überhaupt getäuscht werden konnte. Zum anderen musste hier Stellung bezogen werden zu der Frage, ob die Äußerungen des Vernehmungsbeamten überhaupt geeignet waren, die Aussagefreiheit des Beschuldigten zu beeinträchtigen.

Dabei ist hier besonders kritisch zu reflektieren, dass es sich im vorliegenden Sachverhalt um das bewusste Vorspiegeln von falschen Tatsachen handelt und der V zusätzlich die Rechtslage falsch darstellt.[39]

Gliederung

Verwertungsverbot gem. §§ 136, 136a III, 163a IV StPO

1. Vernehmung des Beschuldigten +
2. Täuschung
   - 2.1 bezüglich Tatsachen +
   - 2.2 bezüglich der Rechtslage +
3. Beeinträchtigung der Aussagefreiheit +
4. Vorsatz des Beamten +

---

38 *Joerden*, JuS 93, 930.

39 Vgl. zur Frage des bewussten Vorspiegelns von falschen Tatsachen z.B. BGHSt 35, 328 und BGH NStZ 2017, 241.

Gutachten

Verwertungsverbot gem. §§ 136, 136a III, 163a IV StPO

Die Verwertung der Aussage des A könnte gem. § 136a III StPO verboten sein.

1. Vernehmung des Beschuldigten

Gem. § 163a IV StPO gilt § 136a StPO auch für Polizeibeamte. Eine Vernehmung durch eine taugliche Verhörsperson lag vor.

2. Täuschung

Fraglich ist, ob der A getäuscht wurde. Der Begriff der Täuschung ist restriktiv auszulegen. Deshalb ist nicht jede List bei der Vernehmung verboten, eine Lüge, durch die der Beschuldigte bewusst irregeführt wird, ist jedoch verboten.

Hier hat der V gelogen als er dem A sagte, gegen ihn lägen so viele belastende Beweise vor, dass er auf keinen Fall entlassen werde, wenn er bei seiner bisherigen Einlassung bleibe.

Fraglich ist hier jedoch, ob der Gegenstand der Täuschung einer Beschränkung unterliegt.

2.1. Z.B. lässt § 263 StGB nicht jede Täuschung als tatbestandlich ausreichen, sondern setzt eine Täuschung über *Tatsachen* voraus. Wenn Entsprechendes für § 136a StPO gelten würde, wäre zweifelhaft, ob die Äußerung des V dieser Anforderung genügen würde. Wenn der V dem A vorspiegelt, gegen ihn lägen Beweise vor, die ausreichten, ihn zu überführen, ohne diese Beweismittel zu konkretisieren, so stellt dies zunächst eine Bewertung dar. Fraglich ist, ob diese unrichtige Prognose über den Ausgang des Gerichtsverfahrens ausreicht, um das Merkmal „Täuschung" zu bejahen. In dieser vorgetäuschten Bewertung steckt aber zugleich die Behauptung eines Tatsachenkerns, der seinerseits Gegenstand der Täuschung ist, nämlich die Behauptung, in Wahrheit nicht vorhandene Beweise erhoben zu haben.

2.2. Anders als beim Betrug kann sich die Täuschung nach allgemeiner Ansicht bei § 136a StPO auch auf die *Rechtslage* beziehen.

Dies erscheint auch sachgerecht, da gerade die Einschätzung der Rechtslage einen Beschuldigten motivieren kann, seine Verteidigung zu verändern und z.B. ein Geständnis abzulegen. Würde ein solches täuschendes Verhalten nicht unter § 136a StPO gefasst werden können, könnten Ermittlungsorgane in gravierender Weise auf die Willensentschließung und Willensbetätigung eines Beschuldigten einwirken.

Allerdings ist zu beachten, dass Pauschalbewertungen der Beweislage wie im vorliegenden Fall nicht denselben Verbindlichkeitsanspruch erheben können wie Tatsachenbehauptungen.

3. Beeinträchtigung der Aussagefreiheit

Als weitere Voraussetzung ist zu prüfen, ob durch die Täuschung die Aussagefreiheit des Beschuldigten beeinträchtigt wurde. Dabei kommt es darauf an, wie der Beschuldigte im Hinblick auf die konkreten Umstände der Vernehmungssituation die Äußerung verstehen konnte und verstanden hat. Je erfahrener er im Umgang mit den Strafverfolgungsbehörden ist, desto weniger wahrscheinlich ist eine Beeinträchtigung seiner Aussagefreiheit durch die Täuschung.

Der A hat keine Erfahrung mit den Strafverfolgungsbehörden. Zudem macht es für den A keinen Unterschied, ob er über Tatsachen getäuscht wurde oder über Bewertungen der Rechtslage. Der A steht beidem gleich unkritisch gegenüber. Er schenkt den Behauptungen des V unbesehen Glauben, ohne daran zu denken, dass Staatsanwaltschaft oder Gericht vielleicht eine andere Bewertung als der V vornehmen werden. Deshalb befindet er sich in derselben Lage wie jemand, der über Tatsachen getäuscht wurde. Glaubt der Beschuldigte aber aufgrund der Täuschung, sein Geständnis sei für ihn nicht nachteilig, weil er ohnehin bereits überführt sei, sondern verbessere eher seine Lage, so ist damit eine Motivation zur Ablegung eines Geständnisses geschaffen worden. Diese ist so übermächtig, dass eine Fortsetzung des Leugnens aus der Sicht des A nicht mehr als sinnvolle Alternative erscheint. Hier ist ein psychischer Zwang zu bejahen, der die Aussagefreiheit praktisch aufhebt.

4. Vorsatz des Beamten

Der Vernehmungsbeamte erkannte dies auch und wollte den A täuschen.

§ 136a I StPO ist gegeben mit der Folge, dass das Geständnis gem. § 136a III StPO nicht zu verwerten ist.

Fall 27: Vernehmung, hier: Recht auf Verteidigung, §§ 136, 137 I, 163a IV StPO

Sachverhalt[40]

Der A wurde unter dem Verdacht des Mordes in Tateinheit mit Freiheitsberaubung vorläufig festgenommen. Er wurde zur ersten Vernehmung in das Polizeipräsidium gebracht. Dort wurde er von dem sachbearbeitenden Kriminalbeamten K ordnungsgemäß auf seine Rechte als Beschuldigter hingewiesen. Er erklärte sich bereit, Angaben zu machen, verlangte aber, vorher mit seinem Verteidiger sprechen zu dürfen. Dies wurde ihm von K verwehrt. K teilte dem A mit, er müsse selbst wissen, ob er aussagen wolle oder nicht, diese Entscheidung könne ihm niemand, auch sein Verteidiger nicht, abnehmen. Außerdem erklärte K, der A werde solange vernommen, bis „Klarheit herrsche". Der A bestand dann nicht mehr auf einer Rücksprache mit seinem Verteidiger. Er machte Angaben zur Sache, dann führten die Polizeibeamten mit ihm eine Tatortbesichtigung durch, anschließend wurde er schriftlich vernommen. Dabei legte er zunächst allgemein und später in Einzelheiten ein Geständnis ab. Dieses Geständnis hat er später seinem Verteidiger gegenüber widerrufen.

Sind die Angaben des A verwertbar?

Vorüberlegungen

Für die Beweisaufnahme der Hauptverhandlung verwertbare Erkenntnismöglichkeiten lassen sich aus einer polizeilichen Beschuldigtenvernehmung nur dann gewinnen, wenn bei dieser Vernehmung alle Regeln eingehalten wurden, die für ein rechtsstaatliches Verfahren generell anerkannt sind und vorausgesetzt werden. Kern der zu beachtenden Regeln ist – neben § 136a StPO – der § 136 StPO, also die Notwendigkeit einer ordnungsgemäßen Belehrung. Erst derjenige, der seine Rechte kennt und den Inhalt dieser Rechte verstanden hat, kann diese einfordern. Wenn ein rechtsstaat-

40 Sachverhalt nach BGHSt 38, 372 ff.

liches Verfahren voraussetzt, dass der Beschuldigte als Subjekt des Verfahrens zu behandeln ist und er im Verfahren zu beachtende Rechte hat, so darf sich der Vernehmende nicht einfach über den Willen des Beschuldigten hinwegsetzen; der Gedanke des fairen Verfahrens erfordert objektive Toleranz, die sich im Akzeptieren einer durch den Beschuldigten gewählten Verteidigungsmöglichkeit niederschlägt. Die faktische Durchsetzung von Rechten darf daher ebenso wenig verhindert werden wie sich die Einflussnahme auf den Entscheidungsbildungsprozess verbietet.[41]

Gestärkt wird dies durch die neuere Gesetzgebung, die nunmehr sowohl eine Verpflichtung des Vernehmenden normiert, dass – will der Beschuldigte zunächst den Rat eines Verteidigers einholen – er dabei ernsthaft unterstützt werden muss (§ 136 I 3 und 4 StPO), durch Verweis im § 163a IV 2 StPO gelten diese Informations- und Hinweispflichten auch für polizeiliche Vernehmungen. Darüber hinaus hat nunmehr der Verteidiger ein eigens normiertes Anwesenheitsrecht schon bei polizeilichen Vernehmungen, § 163a IV StPO i.V.m. § 168c I und V StPO.

Der vorliegende Fall betrifft nicht die Frage der Belehrung, sondern das Problem, wann die Geltendmachung und Durchsetzung der mit der Belehrung bekanntgemachten Rechte faktisch unmöglich wird. Nicht auf das Bekanntgeben von Rechten allein kommt es nämlich an, sondern ausschlaggebend ist die effektive Möglichkeit der Durchsetzung von Rechten. Das Recht auf anwaltliche Beratung und das Recht des Verteidigers auf Anwesenheit bei der polizeilichen Vernehmung nutzt dem nichts, der noch nicht anwaltlich vertreten ist und der auch nicht weiß, wie er rechtzeitig den Beistand eines Verteidigers erreichen kann. Gleichzustellen sind Fälle, in denen dem Beschuldigten vorgespiegelt wird, der Verteidiger könne ohnehin nichts für ihn erreichen, was der Beschuldigte nicht auf jeden Fall selbst entscheiden müsse. Entscheidend ist für den BGH, dass die Möglichkeit eigenverantwortlich und selbstbestimmt über die Befragung des Anwalts und damit mittelbar über die Wahrnehmung des Schweigerechts oder den Umfang der Aussage zu entscheiden, unzulässig beschränkt wird.[42]

41 *Artkämper*, Kriminalistik 96, 393, 395.
42 *Ransieck*, StV 94, 343, 346.

Allein die vorangegangene Belehrung kann dabei die nachfolgende Atmosphäre der Vernehmung nicht ausgleichen, wenn dadurch die faktische Rechtsdurchsetzung vereitelt wird.

Gliederung

Verwertungsverbot gem. §§ 136, 136a III, 163a IV StPO

1. Beweis*erhebungs*verbot
   hier: Verstoß gegen §§ 137 I 1, 136 I 2 StPO
   - 1.1 Belehrung +
   - 1.2 Durchsetzbarkeit des Rechts –
   - 1.3 Ausdrücklicher Verzicht –
2. Beweis*verwertungs*verbot
   - 2.1 Sicherung der verfahrensrechtlichen Stellung +
   - 2.2 Vorsatz des Beamten +
   - 2.3 Umfang des Verwertungsverbotes +

Gutachten

1. Beweiserhebungsverbot, hier: Verstoß gegen §§ 137 I 1, 136 I 2 StPO

Fraglich ist zunächst, ob die Angaben des A rechtswidrig erhoben wurden.

1.1 Belehrung

Hier könnte ein Verstoß gegen § *137 I 1 StPO* vorliegen. Danach kann sich der Beschuldigte in jeder Lage des Verfahrens eines Verteidigers bedienen. § *136 I 2 StPO* stellt zudem klar, dass dies auch schon für die Zeit vor der ersten Vernehmung gilt. Zwar wurde laut Sachverhalt der A als Beschuldigter ordnungsgemäß belehrt, bevor die Vernehmung begann. Inhalt der Belehrung ist unter anderem das Recht des Beschuldigten sich in jeder Lage des Verfahrens, auch schon vor der Vernehmung, eines Verteidigers zu bedienen. Diese Belehrung stellt sicher, dass dem Beschuldigten auch schon vor der ersten Vernehmung die Möglichkeit der Verteidigerkonsultation bewusst wird. Die Besprechung mit einem Verteidiger soll dem Beschuldigten dabei die Möglichkeit eröffnen, sich in der für seine Verteidigung wichtigen Frage, ob er sich selbst zum Beweismittel machen soll oder nicht, mit einem Verteidiger zu beraten. Wenn er sich dafür entscheidet, zunächst einen Verteidiger zu sprechen, so muss ihm diese Möglichkeit eingeräumt werden, ohne dass weiter auf ihn eingewirkt wird. Die Vernehmung ist sogleich abzubrechen oder zu unterbrechen.

1.2 Durchsetzbarkeit des Rechts

Hier erklärt der K, der Beschuldigte müsse selber wissen, ob er aussagen wolle oder nicht, diese Entscheidung könne ihm kein Verteidiger abnehmen. In der Tat kann dem A kein Verteidiger diese Entscheidung abnehmen. Die Besprechung mit einem Verteidiger soll ihm aber die Möglichkeit eröffnen, sich in dieser für seine Verteidigung höchst wichtigen Frage mit einem Verteidiger zu beraten. Diese Beratung dient dem Beschuldigten dazu, eine Entscheidung über die Form seiner Verteidigung – redend oder schweigend – zu treffen.

Dann aber darf der Versuch des sich in amtlichem Gewahrsam befindlichen Beschuldigten, Verbindung zu einem Verteidiger aufzunehmen nicht erschwert oder verhindert werden.

Der K hätte also die Vernehmung sofort ab- oder unterbrechen müssen mit dem Ziel, dem A eine Verteidigerkonsultation zu ermöglichen.

1.3 Ausdrücklicher Verzicht

Anderes kann allenfalls dann gelten, wenn sich der Beschuldigte *nach erneutem Hinweis* auf sein Recht auf Zuziehung eines Verteidigers *ausdrücklich* mit der Fortsetzung der Vernehmung einverstanden erklärt hätte und dem ernsthafte Bemühungen des Polizeibeamten vorausgegangen sind, dem Beschuldigten zu helfen, den Kontakt zwischen ihm und einem Verteidiger herzustellen.

Dies war hier nicht der Fall. Gegen die Verpflichtung dem A die Verteidigerkonsultation sogleich zu ermöglichen hat der K verstoßen. Dem Beschuldigten durfte die Rücksprache mit seinem Verteidiger nicht verwehrt werden.

2. Beweisverwertungsverbot

Fraglich ist, ob dieses Beweiserhebungsverbot die Aussage unverwertbar macht. Die Entscheidung für oder gegen ein Beweisverwertungsverbot ist aufgrund einer umfassenden Abwägung zu treffen, bei der das Gewicht des Verfahrensverstoßes sowie seine Bedeutung für die rechtlich geschützte Sphäre des Betroffenen ebenso ins Gewicht fallen wie die Erwägung, dass die Wahrheit nicht um jeden Preis erforscht werden musste. Dies gilt unabhängig davon, welche Straftat aufgeklärt werden soll. Zum einen musste jede Maßnahme gegen den Beschuldigten noch verhältnismäßig gegenüber einem Unschuldigen sein. Zum anderen kommt es auch bei der Aufklärung und Bestrafung schwerster Straftaten im Strafverfahren nicht auf die Demonstration staatlicher Macht um ihrer selbst willen an, sondern um die Aufklärung und Beilegung eines Konfliktes in höchstmöglicher Würde und Fairness. Nur ein Verfahren, das diesen Anforderungen entspricht, produziert auch die angestrebte Legitimationswirkung.

2.1 Sicherung der verfahrensrechtlichen Stellung

Ein Verwertungsverbot liegt demnach immer dann nahe, wenn die verletzte Verfahrensnorm dazu bestimmt ist, die Grundlagen der verfahrensrechtlichen Stellung des Beschuldigten im Strafverfahren zu sichern.

Die Möglichkeit, sich des Beistandes eines Verteidigers zu bedienen, gehört zu den wichtigsten Rechten eines Beschuldigten, vgl. *Art. 6 III c EMRK*. Ausfluss davon sind die Normierungen in der StPO, die sich mit dem Recht auf Verteidigung und den Rechten des Verteidigers befassen. Dadurch wird sichergestellt, dass der Beschuldigte nicht nur Objekt des Verfahrens ist, sondern zur Wahrung seiner Rechte auf den Gang und das Ergebnis des Strafverfahrens Einfluss nehmen kann.

Hier wurde eine ordnungsgemäße und umfassende Belehrung erteilt. Bei der Umsetzung der potentiell und abstrakt vermittelten Rechte und damit bei der Realisierung des Grundgedankens des § 136 I StPO wurde deren Sinn jedoch ad absurdum geführt. Für den Beschuldigten ging es nicht mehr um die Kenntnis, seine Aussage zu verweigern und sich von einem Verteidiger beraten zu lassen. Für ihn ging es um die Frage der *Durchsetzbarkeit dieser Rechte.* Gerade dies wurde aber mit der Bemerkung, er müsse selbst über die Frage entscheiden, ob er sich zur Sache einlassen wolle oder nicht und durch den Hinweis, er werde vernommen, bis Klarheit herrsche, verwehrt. In dieser Situation musste bei A der Eindruck entstehen, er habe zwar das Recht der Aussageverweigerung und zur Verteidigerkonsultation, er könne sie jedoch nicht durchsetzen.

Die ursprüngliche Belehrung wird also entwertet, wenn das Recht, über das belehrt wurde, gleichzeitig oder nachfolgend in seiner Bedeutung herabgesetzt wird. Natürlich hätte A nach wie vor darauf bestehen können, ohne vorherige Beratung mit seinem Verteidiger zu den Vorwürfen zu schweigen, oder er hätte nachfragen können, ob er die Aussage verweigern dürfe oder nicht – dazu hätte der A allerdings erkennen müssen, dass er die Möglichkeit zur Durchsetzung eines Rechts überhaupt hatte. Hier wurde vorgegeben, der Verteidiger könne ohnehin nicht mehr tun als der A selbst. Dem A wurde demnach suggeriert, er habe zwar Rechte, es sei aber sinnlos, sie wahrzunehmen. Die Belehrung über Rechte aber ist wertlos, wenn die faktische Rechtsdurchsetzung vereitelt wird. Die Tatsache, dass der A einer Befragung durch Verweigerung der Antwort ausweichen konnte – dieser Umstand war ihm aufgrund der umfassenden und ordnungsgemäßen Belehrung bekannt – gewährleistet nicht die Freiwilligkeit des Verzichts auf das einmal in Anspruch genommene Recht, zunächst seinen Verteidiger zu befragen.

2.2 Vorsatz des Beamten

Die bewusste Verhinderung der von A gewünschten Rücksprache mit einem Verteidiger führt hier zu einem Verwertungsverbot der bei dieser Vernehmung gewonnenen Angaben.

2.3 Umfang des Verwertungsverbotes

Fraglich ist, ob sich die Unverwertbarkeit auf alle an diesem Tag gemachten und im Sachverhalt geschilderten Angaben bezieht. K äußerte vor Beginn der Vernehmung, der A werde vernommen „bis Klarheit herrsche". Gleichzeitig wurde dem A verwehrt, mit einem Verteidiger Rücksprache zu nehmen. Der Beschuldigte musste davon ausgehen, dass ihm die Durchsetzung seiner Rechte verwehrt würde, „bis Klarheit“ hinsichtlich der Vorwürfe herrsche. Anderes könnte nur dann gelten, wenn sich die Vernehmungssituation irgendwann an diesem Tag entscheidend und für den Beschuldigten erkennbar verändert hätte.

Die Angaben des A sind daher insgesamt unverwertbar.

Literaturverzeichnis

Fischer, Thomas Strafgesetzbuch mit Nebengesetzen, 66. Aufl. 2019

Füglein, Frank/Perpelitz, Sabrina Strafprozessrecht – echt verständlich!: Erläuterungen und Schemata zur StPO für Studium und Beruf, 2018

Graf, Jürgen Peter Beck Onlinekommentar Strafprozessordnung (BeckOK StPO) mit RiStBV und MiStra, 33. Edition, Stand 1.2.2019

Hartmann-Wergen, Tanja Grundlagen zum Strafrecht: Erläuterungen und Prüfungsaufbauten, 5. Aufl. 2018

dies. Grundlagen zum Strafprozessrecht: Erläuterungen und Prüfungsaufbauten, 9. Aufl. 2018

Holzberg, Rolf/Reichelt, Matthias Hauptstudium Strafrecht: Eine praxisorientierte Darstellung, 2019

Heintschel-Heinegg, Bernd/Schnabl, Robert Handbuch für den Staatsanwalt, 6. Aufl. 2018

Kay, Wolfgang/Keller, Christoph Polizeiliche Eingriffsmaßnahmen im Strafprozessrecht: Handbuch für Studium und Praxis, 2019

Meyer-Goßner, Lutz/Schmitt, Bertram Strafprozessordnung mit GVG und Nebengesetzen. Kurzkommentar, 62. Aufl. 2019

Möllers, Martin H.W. Polizei und Grundrechte: Ein Lehrbuch zu den Menschenrechten in der polizeilichen Praxis, 4. Aufl. 2019

Nimtz, Holger Strafprozessrecht für Polizeibeamte: Gang des Strafverfahrens und Eingriffsbefugnisse, 2012

Nolden, Waltraud/Palkovits, Frank/Dittert, Susanne/Pichocki, Frank Grundstudium Strafrecht: Eine praxisorientierte Darstellung, 4. Aufl. 2019

Soiné, Michael Ermittlungsverfahren und Polizeipraxis: Einführung in Recht und Organisation, 2. Aufl. 2019

ders. Strafprozessordnung: Kommentar für Polizeibeamte im Ermittlungsdienst, Loseblattwerk Stand 126. Aktualisierung 2019

Weingarten, Dirk StPO – kompakt: Die wichtigsten Eingriffsnormen der StPO, 3. Aufl. 2019

Wiesneth, Christian Handbuch für das ermittlungsrichterliche Verfahren, 2006

Grundlagen Kriminalistik

Polizeiliche Ermittlungen im Strafprozess*

Eine fallorientierte Darstellung für Ausbildung und Praxis

Von RAin Eva Brendel, Prof. Dr. Judith Hauer und Prof. Dr. Sascha Kische.

2., völlig neu bearbeitete Auflage 2019.
X, 167 S. € 24,– ISBN 978-3-7832-0052-2

Der rote Faden*

Grundsätze der Kriminalpraxis

Herausgegeben von Horst Clages und Prof. Dr. Rolf Ackermann.

14., neu bearbeitete Auflage 2019.
XXVIII, 711 S. € 34,– ISBN 978-3-7832-0054-6

Ermittlungsverfahren und Polizeipraxis*

Einführung in Recht und Organisation

Von Prof. Dr. Michael Soiné.

2., neu bearbeitete und erweiterte Auflage 2019. XIX, 162 S. Kartoniert. € 24,–
ISBN 978-3-7832-0155-0

Islamistischer Terrorismus*

Analyse - Definitionen - Taktik

Von Dr. Stefan Goertz.

2., neu bearbeitete Auflage 2019.
XXIV, 223 S. € 27,– ISBN 978-3-7832-0049-2

Bild- und Tonaufnahmen von Polizeieinsätzen*

Strafbarkeit - Maßnahmen - Praxisempfehlungen

Von Martin Wiacek.

2018. XIV, 225 S. € 24,99 ISBN 978-3-7832-0153-6

Politisch motivierte Kriminalität und Radikalisierung*

Von Dr. Stefan Goertz und Martina Goertz-Neumann.

2017. XV, 243 S. € 26,99 ISBN 978-3-7832-0151-2

Kriminalstrategie*

Von Ralph Berthel und Matthias Lapp.

2017. XII, 204 S. € 24,99 ISBN 978-3-7832-0037-9

Kriminalistisches Denken*

Begründet von Prof. Dr. Hans Walder †.

Fortgeführt von Dr. Thomas Hansjakob.

10., neu berarbeitete Auflage 2016.

XVI, 350 S. € 23,99 ISBN 978-3-7832-0043-0

Todesermittlung*

Grundlagen und Fälle

Begründet von Armin Mätzler.

Fortgeführt von Prof. Dr. Dr. Ingo Wirth.

5., neu bearbeitete und erweiterte Auflage 2016. XI, 434 S. € 28,99 ISBN 978-3-7832-0046-1

Kriminologie und Kriminalpolitik

Eine praxisorientierte Einführung mit Beispielen

Von Prof. Dr. Hans Dieter Schwind.

23., neu bearbeitete und erweiterte Auflage 2016. XVII, 826 S. € 34,99
ISBN 978-3-7832-0047-8

Erfolgreich Vernehmen

Kompetenz in der Kommunikations-, Gesprächs- und Vernehmungspraxis

Von Dipl.-VerwW. Klaus Habschick.

4., neu bearbeitete Auflage 2016.
XLII, 787 S. € 36,99 ISBN 978-3-7832-0044-7

***Auch als ebook erhältlich**

Weitere lieferbare Titel unter: cfmueller.de/kriminalistik
C.F. Müller GmbH, Waldhofer Str. 100, 69123 Heidelberg

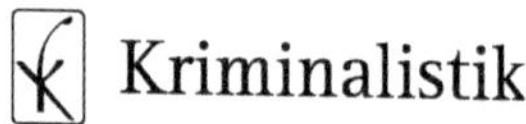